Gerd Reuther
Renate Reuther

Hauptsache Panik

Ein neuer Blick auf Pandemien in Europa

Engelsdorfer Verlag
Leipzig
2023

„Das lebhafteste Vergnügen,
das ein Mensch in der Welt haben kann, ist,
neue Wahrheiten zu entdecken;
das nächste von diesem ist,
alte Vorurteile loszuwerden."

Friedrich II., König von Preußen
(1712-1785)

Bibliografische Information durch die Deutsche Nationalbibliothek:
Die Deutsche Nationalbibliothek verzeichnet diese Publikation in der Deutschen Nationalbibliografie; detaillierte bibliografische Daten sind im Internet über https://dnb.de abrufbar.

ISBN 978-3-96940-485-0

Hergestellt in Leipzig, Germany (EU)
Gedruckt auf FSC®-zertifiziertem Papier
www.engelsdorfer-verlag.de
14,80 Euro (DE)

Inhalt

Wie sicher ist unser Schulwissen?

Die großen Seuchenwellen gelten als Fixposition im akademischen Geschichtsunterricht. Oft genug reproduziert ist schon geglaubt. Aber wie sicher ist unser vermeintliches Wissen über die Pest, ob im antiken Athen, im alten Rom oder in Venedig im Jahr 1348?

Werfen Sie für unsere Zeitreise den Ballast aus Schule und Studium über Bord. Machen Sie Ihren Kopf frei. Nichts ist unumstößlich. Schließlich gibt es „zwei Arten von Weltgeschichte: die eine ist die offizielle, verlogene, für den Schulunterricht bestimmte; die andere ist die geheime Geschichte, welche die wahren Ursachen der Ereignisse birgt" (Honoré de Balzac, 1799-1850).

Die Quellenlage des frühen Seuchengeschehens ist merkwürdig dürftig. Der Faktengehalt oft zweifelhaft. Viele „Berichte" vermeintlicher Zeitzeugen sind später erstellt und vordatiert oder offen fiktional, also literarische Erzeugnisse.

Am Anfang waren die Dichter

Das legendäre Dreigestirn der italienischen Literatur, Dante Alighieri (1265-1321), Giovanni di Boccaccio (1313-1375) und Francesco Petrarca (1304-1374), umrahmt den Startschuss zum Zeitalter europäischer Pandemien. Narrative prägen die ganze Seuchengeschichte. Die „Göttliche Komödie" Dantes beschwört das Inferno eines nahenden Weltuntergangs als notwendige Läuterung herauf. Boccaccios „Decameron" wird zum Inbegriff einer Seuchenerzählung: alle träfe das gleiche Schicksal und es gäbe kein Entrinnen. „Bei Tag oder Nacht" würden Menschen „auf offener Straße verscheiden", „rüstige Männer, schöne Frauen und blühende Jünglinge, die noch am Morgen mit ihren Verwandten, Gespielen und Freunden aßen, um am Abend des gleichen Tages in einer anderen Welt mit ihren Vorfahren das Nachtmahl zu halten!" Allerdings lebte Boccacio zur fraglichen Zeit gar nicht in Florenz und hätte in eine verpestete Stadt einreisen müssen...

Francesco Petrarca verankert mit seinem Bezug zur antiken griechischen Literatur die Pestklischees. Obgleich durch glückliche Fügung nie am Ort einer Pest anwesend,[1] wusste er, dass „jedenfalls nur sehr wenige genasen, während schier alle binnen drei Tagen von dem Auftreten der erwähnten Zeichen, der eine rasch, der andere langsamer und die meisten ohne irgendein Fieber oder einen sonstigen äußeren Anlass starben." Mit der Beulenpest, die etwa drei Viertel der Fälle ausmachen soll, sind solche Schilderungen nicht in Einklang zu bringen. Sie sind medizinisch unglaubhaft und reproduzieren das kirchliche Narrativ von „mit Leichen bedeckten Straßen, Plätzen und Kirchen."[2] Der Historiker Robert Höniger stellte vor 140 Jahren bereits fest, dass „bei Zeitgenossen die schauerlichsten Märchen über Umfang und Verbreitung des Weltsterbens" zu finden sind.[3]

Das „Journal der Großen Pest" in London 1665 des Geheimdienstagenten, V-Manns und Propagandisten Daniel Defoe (nach 1660-1731) gehört ebenso hierher. Defoe, der bis heute als authentischer Zeitzeuge gilt, war keine fünf Jahre alt, als die Londoner Epidemie stattfand und verfasste seinen auf Wirkung abzielenden Bestseller fast 60 Jahre später.

Der Wert dieser Werke besteht nur darin, dass sie offenbaren, wie die Ereignisse wahrgenommen werden sollten. Gemeinsam ist diesen und zahlreichen anderen Schriften, wie wenig konkret oder überspitzt die Angaben sind. Jahrhundertelang die gleichen Geschichten: Menschen brechen ganz unvermittelt auf der Straße zusammen, verfallen innerhalb Stunden oder längstens drei Tagen. „Jene, die gestern Totengräber waren, werden heute selbst begraben.“[4] Es geht bei all diesen vermeintlichen Zeitzeugnissen um Botschaften des Horrors und der sozialen Zersetzung, die das kollektive Gedächtnis zwischen den Epidemien prägen sollen. Nicht umsonst „kontrolliert der die Zukunft, der die Vergangenheit kontrolliert“ (George Orwell, 1903-50).

Die meisten Dokumente des Spätmittelalters und fast alle bildlichen Darstellungen von Seuchen entstammen kirchlichen Beständen. Ikonographien des Horrors: Nichts ahnende Menschen, die hinterrücks von Pestpfeilen getroffen werden; Personen, die Holzsärge auf ihren Schultern über die Leinwand tragen; Totentänze, die den Eindruck erwecken, dass Könige und Bischöfe in gleicher Weise den Seuchen zum Opfer fallen wie Bürger, Bauern und Bettler. Totkranke in Betten, Beerdigungsszenen, Leichenprozessionen. Das große Sterben wird über das Ende der Epidemien hinaus im Gedächtnis der Überlebenden erhalten.

Trotz ihres scheinbaren Realismus dürfen Gemälde, Zeichnungen und Beschreibungen nicht als authentische Zeitzeugnisse missverstanden werden. Fakten gehörten nie zur Agenda der Kirche. Um nur ein Beispiel zu nennen: Holzsärge aus Brettern waren bis zum 17. Jahrhundert Luxus für reichere Bürger und mit einer Abgabe belegt. Normalsterbliche wurden in Leinenbinden gewickelt, in Matten oder geteerte Säcke gehüllt. Eine Beerdigung ohne Sarg war schon notwendig, um die Verwesung nicht zu verzögern. Aus Platzmangel mussten innerstädtische Friedhöfe neuerliche Belegungen in kurzen Abständen gewährleisten. Bilder und Texte dienten dazu,

Panik, Schuld und Hilflosigkeit zu vermitteln. Was war anderes von einer Religion mit einem Schmerzensmann als Symbol zu erwarten?

Es gilt herauszufinden, was wirklich vor sich ging. Was wurde übertrieben? Was übersehen? Betraf das Sterben vielleicht nicht alle Gesellschaftsschichten gleichermaßen?

Antike Geschichten aus 1001 Nacht

Wer gar seine Zeitreise bis in die römische und griechische Antike ausdehnen will, taucht ein ins Reich der historischen Märchenerzähler. Die wenigsten Dokumente stellen verlässliche Chroniken dar. Pergamente und Papyri zerfallen nach einigen Jahrhunderten. „Antike“ Schriftzeugnisse können bestenfalls Abschriften sein, wenn es sich nicht um Neuschöpfungen aus kirchlichen Werkstätten handelt. Die frühesten Abschriften aus Klöstern des weströmischen Reiches reichen bis ins 10. Jahrhundert zurück. Im Mittelalter gab es in West- und Mitteleuropa noch dazu kaum jemanden, der Griechisch lesen konnte. Warum hätten Mönche überhaupt heidnische Papyri aufheben und kopieren sollen? Wie wären die Autographe in ihren Besitz gekommen? Warum gelten alle Originale als verloren?

Die Narrative über antike Autoren und ihre Werke sind auffallend stereotyp. Die Geschichten gehen etwa so: man kennt den Namen des Autors, seine groben Lebensdaten sogar in christlicher Zeitrechnung und sein Werkverzeichnis. Immer ist nur ein mehr oder weniger kleiner Teil des Gesamtwerks überliefert. Dank des Verzeichnisses weiß man aber, was fehlt. Spätere Funde werden damit als authentisch definiert. Trotz ihrer epochalen Bedeutung sind Personen und Werke über viele Jahrhunderte unbeachtet geblieben, jedoch aufgehoben worden. Erst in Spätmittelalter oder der Renaissance spürten Liebhaber der Antike die Kopien, über die es nur Vermutungen gab, in oberitalienischen oder deutschen(!) Klöstern auf...

Die „Attische Pest“, die nur in einer Kopie aus der Renaissance als alleinstehende Schilderung des griechischen „Chronisten“ namens Thukydides (5. Jahrhundert v.u.Z.) überliefert ist,[5] darf man getrost aus dem Gedächtnis streichen. Diese Erzählung gleicht verblüffend anderen mittelalterlichen und frühneuzeitlichen Pestschilderungen, die demoralisierende soziale Auswirkungen betonen. Auch er berichtet vom Gerücht einer Entstehung durch Brunnenvergiftung. Eine hohe Infektiosität, die man im europäischen Mittelalter fälschlicherweise annahm, ist für ihn ebenso selbstverständlich, wie die ausbleibende Immunität nach durchgemachter Erkrankung. Die von ihm mitgeteilten Symptome passen zu keiner bekannten Krankheit![6]

Für die römischen Pestereignisse fehlen uns ebenfalls überzeugende Quellen. Warum sollte es damals nur zwei große Seuchen in mehreren Jahrhunderten gegeben haben? Der angebliche Chronist Roms, Titus Livius, zieht sich aus der Affäre, in dem er zwar häufiger über Epidemien schreibt, konkrete Angaben allerdings vermeidet. Und wie hätten die antiken Aufzeichnungen mehr als ein Jahrtausend überdauern sollen, bis sie ans Licht kamen? Der Philosoph George Santayana (1863-1952) bemerkte sarkastisch: „Geschichte ist ein Packen von Lügen über Ereignisse, die nie stattgefunden haben, erzählt von Personen, die nicht dabei waren.“

Es dürfte kein biologisches Rätsel sein, wenn sich die vermeintlich antiken Symptombeschreibungen keiner der bekannten Infektionskrankheiten zuordnen lassen. Wahrscheinlich hatten die Mönche in der Renaissance unzureichende medizinische Kenntnisse, um Seuchen authentisch nacherzählen zu können. Es lässt jedenfalls auf wenig Phantasie schließen, wenn griechische Götter wie der mittelalterliche Gevatter Tod tödliche Pestpfeile abschießen. Die Texte sind ein Kaleidoskop der Weltanschauung, wie sie in der Renaissance herrschte. Konkretere Angaben bleiben in austauschbaren Allgemeinplätzen stecken. Der Whistleblower der Geschichtserfindung, der Jesuit Jean Hardouin (1646-1729), bezeugte bereits um 1690, dass fast alle Schriften, die der Antike zugerechnet werden, mönchische Neuschöpfungen des 14.-16. Jahrhunderts sind.[7]

Wer Ereignisse, die mehr als 1000 Jahre zurückliegen sollen, dennoch für bare Münze nehmen will, kann dies gerne tun. Vorher sollte er sich aber die Zeit nehmen, die stereotypen Biographien und Überlieferungsgeschichten antiker Autoren zu studieren. Dafür genügt bereits Wikipedia. Mit dem in der Wissenschaft nötigen Zweifel, wird er kopfschüttelnd zurückbleiben. „Die Welt ist voll von offensichtlichen Tatsachen, die niemand jemals bemerkt" (Arthur Conan Doyle, 1859-1930).

Wir werden uns nicht in den dunklen Zeiten der Geschichte verzetteln. Es gab sicherlich vor den ersten halbwegs glaubwürdigen Quellen eine Geschichte und epidemische Krankheiten, die den späteren zumindest ähnlich oder gleich waren. Nur, weil eine Krankheit als neuer Import deklariert wurde, könnte es doch die Wiederkehr einer bekannten Infektion sein.

An vielen Datierungen ist zu zweifeln

Es ist unsicheres Terrain, auf das wir uns für unsere Zeitreise begeben. Bis zum 16. Jahrhundert gab es keinen Fixpunkt, ab dem die Jahre übereinstimmend gezählt wurden. Alle Datierungen bis dahin sind daher mit Fragezeichen zu versehen. Der fiktive Geburtstermin Christi war weder für die Kirche, noch eine Herrscherdynastie der Anker im Zeitstrom. Die Schedelsche Weltchronik von 1493 nennt den Trojanischen Krieg als Referenz. Katholische Dokumente beginnen mit der A.D.-Zählung schrittweise erst nach dem Konzil von Basel 1443. Albrecht Dürer (1471-1528) war einer der ersten Kulturschaffenden, der seine Werke mit einer doppeldeutigen A.D.-Datierung versehen hat. Der erste Druck des „Decameron" mit einer Jahresangabe ist von 1471. In evangelischen Kirchenbüchern etablierte sich die A.D.-Zählung erst um das Jahr 1700. Zu dieser Zeit präsentierte der englische Physiker, Astronom und Mathematiker Isaac Newton (1642/3-1726/7) eine drastisch veränderte Zeitleiste der Antike.[8]

Der Zeitstrahl, auf dem wir fest zu sitzen glauben, und das Bild der Vergangenheit wurden erst in der Renaissance fabriziert. So manche Neuschöpfung wie der Hippokratische Eid oder zahlreiche Kopien „antiker Schriften" tauchen erstmals im 15. oder 16. Jahrhundert auf. 1583 erfolgte gar noch die Gregorianische Kalenderreform, ohne die Zeitmarken nachzubessern. Unser Kalender wurde als klerikales Herrschaftsinstrument geschaffen, das auf tönernen Füßen steht.[9] Alle früheren Jahreszahlen müssten zumindest mit einer Schwankungsbreite oder den Zusätzen „um", „etwa" oder „ca." versehen werden. Dies gilt für alle Jahreszahlen, wenn diese mehr als ein halbes Jahrtausend zurückliegen.

Vieles, was vor dem Beginn der sogenannten Neuzeit geschehen sein soll, ist mit größter Skepsis zu sehen. Die Geschichte, wie wir sie heute zu kennen meinen, ist allzu oft eine „Lüge, auf die man sich geeinigt hat" (Voltaire, 1694-1778). Viele Begebenheiten sind mehr Fake als Fakt. Zeitgenössische Berichte und spätere historische

Wertungen sind immer geprägt von Interessen und Absichten. Sie werden von Menschen mit all ihren Schwächen und Befangenheiten erzählt, die die Ereignisse womöglich nur vom Hörensagen kennen.

Es ist erschreckend, wie naiv die Mehrzahl der Historiker Dokumente als authentisch akzeptiert, obwohl keine Schriftstücke ein Jahrtausend überdauert haben. Selbst Autographe älter als fünf Jahrhunderte sind rar. Wieso sollten fast ausschließlich kirchliche Dokumente die Zeitläufe überdauert haben? Wieso ist so oft bei Verträgen zwischen Kirche und weltlichen Partnern lediglich das kirchliche Exemplar erhalten?

Lange galten nur die dreistesten Fälschungen zugunsten der Kirche als gesichert. Erst der einzige Kongress über Fälschungen im Mittelalter belegte 1986 in 5 Bänden ein ganzes Konvolut von Falsifikaten.[10] Selbst der langjährige Präsident der Monumenta Germaniae Historica, Horst Fuhrmann, erklärte, dass die Skriptorien der Klöster die Fakten umgebogen hätten „wie das Wahrheitsministerium bei George Orwell."[11] Mindestens 60% der angeblichen Königsurkunden aus der Merowingerzeit sind als Fälschungen enttarnt. In den Archiven lagern wohl mehr humanistische Machwerke als erhaltenswerte Schriften. Dennoch erschütterte diese notorische Fälscherpraxis weder die Chronologie, noch die Geschichtserzählung, die stoisch wiederholt wird. Wie bei „Corona" bleiben die Narrative bestehen, obwohl die dafür notwendigen Belege „fake" sind.

Eigentlich wäre es das Kerngeschäft der Historiker, mit der nötigen Skepsis Alter und Authentizität von Dokumenten und Relikten akribisch zu prüfen. Tatsächlich spielt dies eine untergeordnete Rolle. Naturwissenschaftliche Altersbestimmungen haben nahezu keinen Stellenwert. Die Schwankungsbreiten der C14-Methode sind zu groß. Autorität und Überzeugungskraft ausgewählter Experten für engste Zeitnischen reichen meist aus, um Materialien anhand stilistischer Merkmale und Beziehung zu anderen Schriftstücken fraglicher Provenienz als authentisch einzustufen. Ist erst einmal der Ritterschlag erfolgt, wird die vermeintliche Echtheit durch fleißige Reproduktion der Erstmeinung zu einer scheinbaren Tatsache.

In der Seuchengeschichte werden ständig Schriftstücke als Belege herangezogen, die wie Boccaccios „Decameron" oder Defoes „Journal" literarische Erfindungen sind. Die Berichte angeblicher Augenzeugen und Chronisten lassen sich immer wieder auf gemeinsame Quellen zurückführen. „Das Geschäft der Geschichtsschreibung erhebt sich nicht allzuhoch über das Geschäft des Schreibens und zwar des Abschreibens im eigentlichen Sinne."[12] Bei dieser „Wissenschaft" geht es mehr um die Erzählung erwünschter Geschichten als um Aufklärung. Historiker sind weder die Gralshüter der wirklichen Geschichte, noch unbefangene Chronisten. Historiker haben seit Jahrhunderten zu viel geglaubt und immer zu wenig geforscht. Unser kollektives und individuelles Bewusstsein ist vorbelastet und gaukelt uns vor, bei unserer Expedition immer in bekanntem Gebiet zu sein.

Es gibt allerdings zahlreiche Frakturen auf dem Zeitstrahl, die teils mit erfundenen Ereignissen gespickt sind.[13] In Deutschland brechen in mehreren Städten die Chroniken ab, bevor die Pest ausbricht oder ausbleibt. Erst zwei oder drei Jahrzehnte später setzt dann die Berichterstattung – oft mit einem Ordensbruder – wieder ein. Entsprechend fehlen uns Fakten für die entscheidenden Jahre, die immer wieder mit Kopfgeburten aus dubiosen Quellen aufgefüllt wurden. Man scheute dabei nicht davor zurück, in den wortgleichen Schauergeschichten die Namen der Städte auszutauschen![14] Es ist also Mut vonnöten, um Dichtung und Wahrheit voneinander unterscheiden zu können.

Folgt man Albert Einsteins Rat und denkt wenigstens einmal am Tag das Gegenteil von dem, was als gesetzt gilt, kann man vielleicht eine Tür in ein neues Raum-Zeit-Gefüge aufstoßen. Oft genug macht es Angst, die sichere Ebene der bestätigten Wahrheiten zu verlassen. Gelegentlich erkennt man jedoch atemberaubende Perspektiven.

Wollen Sie den schweren Rucksack Ihres Vorwissens nicht gleich hier stehen lassen? Die gut ausgebauten Wege des betreuten Denkens wirken einladend. Die wenig begangenen Pfade sind dagegen voller Fallstricke und Löcher, verheißen aber spannende Abenteuer. „Habe Mut, dich deines eigenen Verstandes zu bedienen" (Immanuel Kant, 1724-1804).

Teil 1: Fakten und Propaganda

Die Inszenierung der Seuchengeschichte

Die offizielle Seuchengeschichte fokussiert sich auf wenige übergroße Solitärereignisse: die Attische Pest um 430 v.u.Z., die Antoninische und Justinianische Pest in Rom um 161-180 bzw. 541-9, die große Pestkatastrophe von 1347-52, den legendären Syphiliszug des französischen Heers durch Italien 1494/5, die „Great Plague" von London 1665, die Cholerawellen im 19. Jahrhundert, die Spanische Grippe zum Ende des Ersten Weltkriegs und jüngst Covid-19. Diese Erzählungen ragen als unverrückbare Felsen aus dem Meer der Vergangenheit auf. Sie sind die Ankerplätze für das kollektive Gedächtnis. Die Pest von 1347 gilt als Beginn der Seuchengeschichte in Europa.

Aber stimmt dieses Narrativ überhaupt? Wer sich Häufigkeiten und Auftreten epidemischer Krankheiten unbefangen ansieht, kommt ins Grübeln. Warum beginnt die Seuchengeschichte mit dem vorgeblichen Paukenschlag von 1347? Wieso wäre die angeblich aus der westeurasischen Steppe eingeschleppte Pest bis dahin für fast 600 Jahre ausgeblieben? Schließlich gab es durch die Wikinger jahrhundertelang intensive Handelskontakte zum Schwarzmeergebiet und mehrfach Eroberungszüge von asiatischen Reitervölkern. Zugestanden wird inzwischen, dass die Pest bis zum Jahr 770 im Mittelmeerraum endemisch immer wieder aufgeflackert sei. Man versteigt sich sogar dazu, den Begriff „Justinianische Pest" in pandemischer Hysterie über 230 Jahre auszudehnen. 1347 scheint zu einem Wendepunkt der europäischen Geschichte stilisiert worden zu sein.

Fieberkrankheiten als Basso continuo des Lebens

Die Erzählung unerwarteter Solitärereignisse bricht in sich zusammen, wenn man sich die statistische Auswertung der unvollständigen Pest-Auflistungen ansieht. 1908 wurden etwa 7.000 Epidemien über 550 Jahre an den verschiedensten Orten in Europa gezählt.[15] Die Niederlande und die skandinavischen Länder waren darin noch gar nicht enthalten.[16] Doch flackerten die Seuchen nicht überall und in gleichbleibender Frequenz auf.[17] In der zweiten Hälfte des 14. Jahrhunderts scheint der Abstand mit 15-20 Jahren größer als im 15. und 16. Jahrhundert gewesen zu sein, wo Ereignisse meist alle 8-10 Jahre überliefert sind. In Kriegs- und Notzeiten jeweils mehr als in den friedlichen Phasen. Bis heute ist unklar, inwieweit die ländlichen Regionen, in denen 90% der Europäer lebten, überhaupt betroffen waren. Dokumente über Pestereignisse stammen fast ausschließlich aus Städten. Die Masse der Bevölkerung und deren Schicksale, sowie die Vorgänge auf dem Land sind in der Geschichtsschreibung stark unterrepräsentiert.

Manche Städte hatten sich kaum von der Pest erholt, als bis weit in das 17. Jahrhundert neue, meist weniger schwere Krankheitswellen kamen. In London sticht zwar das Geschehen von 1665 heraus, allerdings starben in den Jahrzehnten davor fast jeden Sommer bis zu 40.000 Menschen.[18] Die angeblich 68.000 Opfer im Jahr 1665 sind nicht das überlieferte Ausnahmeereignis.

Vergleichbares gilt für die Cholerawellen europäischer Städte im 19. Jahrhundert. In jedem Jahr gab es Kranke und Tote. Mal mehr, mal weniger. Bei ungünstiger Konstellation von Temperatur, Feuchtigkeit und Unrat kam es immer wieder zu größeren Wellen sommerlicher Brechdurchfälle, wo die Menschen dicht an dicht lebten. Schon im 17. Jahrhundert konnte es in London in einem einzigen Gebäude zu 800 Todesfällen kommen.[19] Wohlstandsgesellschaften sind sehr resistent gegen Epidemien.

Oft hätte es genügt, den Unrat in den Städten zu beseitigen. Nicht umsonst sprach man von „Entpestung“, wenn Straßen und Plätze gereinigt wurden. Die Umweltverschmutzung war am Ausgang des 17. Jahrhunderts noch genauso aktuell wie 300 Jahre zuvor. 1680 erließ der Herzog zu Sachsen für seine Städte ein Verordnung, dass man „darauff mit Nachdruck, alle Unflätherey und Gestanck auf den Gassen und in den Häusern besonders auch bey Schlachtung des Viehes, abgeschaffet und ausgesaubert sehen solle.“[20]

Ab Ende des 17. Jahrhunderts wurden Epidemien seltener, bis 1830 erstmals die angeblich aus Bengalen stammende Cholera ausbricht. Dabei hätte es mit dem Spanischen Erbfolgekrieg (1701-14), dem Siebenjährigen Krieg (1756-63) und den Kriegen gegen das revolutionäre Frankreich (1803-15) genügend bewaffnete Konflikte gegeben, die eine Seuchengefahr heraufbeschworen.

Warum erschien die Cholera nicht früher in Europa? Kontakte nach Südasien hatte es immer gegeben: Soll doch schon Alexander der Große (4. Jahrhundert v.u.Z.) Indien erobert haben. Spätestens, als die britische East India Company und die Niederländer den Subkontinent jahrhundertelang ausbeuteten, hätte der toxische Bakterienstamm der Cholera als blinder Passagier anreisen müssen.

Ganz im Gegensatz zur allgemeinen Wahrnehmung können wir ein stetes Aufflackern verschiedener endemischer Krankheiten erkennen – teilweise simultan. Die großen europäischen Seuchen sind Entgleisungen von Gesundheitsgefahren, die abhängig von sozialen und klimatischen Bedingungen stets unterschwellig präsent waren.

Es lag an der jeweiligen Aufmerksamkeit und Empfindlichkeit, ab welcher Zahl von Krankheits- und Todesfällen der Normal- zum Ausnahmezustand erklärt wurde.

Der Vorhang fällt

Das eingebrannte Bild eines marodierenden Seuchenungeheuers („Schwarzer Tod", „asiatische Hydra") ist gezielter Propaganda geschuldet. Der Begriff „Schwarzer Tod" wurde im Mittelalter gar nicht verwendet.[21] Erstmals taucht er bei dänischen und schwedischen Chronisten im 16. Jahrhundert auf. Vor dem Hintergrund ständig präsenter Cholera-Epidemien wurde er 250 Jahre später im deutsch- und englischsprachigen Raum von einigen Autoren effekthascherisch in Umlauf gebracht.[22]

Könnten epidemische Krankheiten immer dann zu großen Seuchen aufgebauscht worden sein, wenn das Angstszenario gebraucht wurde? Blieben Seuchenkatastrophen aus, wenn sie entbehrlich waren? Orte und Zeiten wecken zumindest immer wieder den Verdacht, auch wenn vieles nicht planbar war.

Der Pandemieauftakt zur Mitte des 14. Jahrhunderts fällt mit dem Versuch des Papsttums zusammen, die angestrebte universelle Machtstellung zu erlangen. Der Englische Schweiß gab sein Gastspiel, als von den Protestanten die Klöster geschlossen wurden. Die Cholera kam, als nach dem Wiener Kongress 1815 die autoritär restrukturierten Monarchien den Unmut der entmachteten Zivilgesellschaften fürchten mussten. Die Spanische Grippe vernebelte die Schuld der Kriegstreiber angesichts des Massensterbens zum Ende des Ersten Weltkriegs.

Geschichte wiederholt sich nicht, aber sie reimt sich. Seuchen-Narrative haben für bloße Koinzidenzen zu viel gemeinsam. Verräterisch ist, dass umgehend deren Schicksalshaftigkeit beklagt oder gar die damit verbundenen Chancen begrüßt wurden. Das „window of opportunity“ wurde zumindest retrospektiv ausgenützt. Seit „Corona“ kennen wir die Zutaten für einen gesellschaftlichen Umbruch. Zunächst braucht es die nötige Angstkulisse, die man am besten mit einer scheinbar neuen Seuche herbeiführt. Vor dieser Staffage können dann die als überfällig erachteten Maßnahmen ohne größere Gegenwehr verordnet werden: Verarmung der Bevölkerung durch Transfer von Vermögenswerten zur Oberschicht, Bewegungs- und Betätigungsbeschränkungen für die Masse, Entsolidarisierung der Menschen und Maßnahmen gegen einen Machtverlust der Herrschenden.

So leicht, wie in unserer Zeit waren „Gesundheitskrisen“ noch nie auszulösen. Krankheiten werden als Seuchen instrumentalisiert, indem Testergebnisse oder wenige Fälle einen Notstand heraufbeschwören. Die für ihre leichtfertige Ausrufung von Pandemien bekannte Weltgesundheitsorganisation WHO verkommt zu einem politischen Instrument, um Ausnahmezustände zu verfügen. Dafür braucht es nicht einmal einen neuen Krankheitserreger. Seit dem Englischen Schweiß, also seit mindestens 500 Jahren, ist klar, dass Angst ebenso in eine scheinbare Seuche münden kann. Zu Tode gefürchtet ist auch gestorben. Seuchen scheinen benötigt zu werden.

Seuchengefahr: Wahrnehmung und Realität

Alle großen Seuchen gelten als einschneidende Ereignisse, die den Fortgang der Geschichte maßgeblich bestimmt haben sollen. In der ersten großen Pestepidemie hätte mindestens ein Drittel der europäischen Bevölkerung ihr Leben verloren. In England sei nach vier weiteren Pestwellen bis 1391 die Hälfte der Bevölkerung ausgelöscht gewesen. Diese Übersterblichkeiten stehen in verstörendem Gegensatz zu vergleichsweise geringen Auswirkungen auf gesellschaftliche Großprojekte, Wohlstand und Bevölkerungsentwicklung.

Trotz dramatischer Ereignisse mit zahlreichen Kranken und Toten wurden vielerorts nach 1347 neue Universitäten und kaum weniger Kirchen errichtet. Die „Pest-Hochburg" Florenz erhielt umgehend 1350 eine Universität. Kathedralen wurden ohne wesentliche Verzögerungen weitergebaut: in Freiburg begann 1354 der Bau des Münsterchors, der Grundstein für den Erfurter Dom wurde 1349 gelegt. Papst Clemens VI. (1291-1352) erwarb im Pestjahr 1348 Stadt und Provinz Avignon. Nachdem er den Pestsommer zur Sicherheit zwischen zwei ständig brennenden Feuern verbracht hatte, widmete er sich ohne Verzug dem Ausbau seiner prachtvollen Residenz.

Immatrikulationslisten von Zünften in der Toskana belegen, dass nach Pestwellen zwar weniger nahe Verwandte eines Meisters eingeschrieben wurden, aber die freien Stellen dennoch besetzt werden konnten.[23] Die Einwohnerzahl Augsburgs verdoppelte sich von 1490 bis 1530 trotz mehrerer Pestepidemien.[24] Der Historiker Robert Höniger entdeckte nach Sichtung der Quellen „allerorten einen fröhlichen gedeihlichen Aufschwung."[25] In der zweiten Hälfte des 14. Jahrhunderts wachsen Handel und Industrie. Gleichzeitig kommt es zu einer massiven Zunahme akademischer Dienstleistungen.[26] Obwohl 1665 in London nach der „Great Plague" unmittelbar der große Stadtbrand „The Great Fire" folgte, ging es wirtschaftlich steil bergauf.

Eine vergleichbare Diskrepanz gibt es auch für die Spanische Grippe, die nach gängigem Narrativ zwischen 20 und 50 Millionen Todesopfer, vor allem in Europa, verursacht hätte.[27] Dennoch folgten in zahlreichen Ländern die „Roaring Twenties". Das heute als erste weltweite Pandemie kommunizierte Ereignis war bereits Mitte der 1920er Jahre aus dem zeitgenössischen Bewusstsein verschwunden.

Bislang wurden nur wenige Massengräber gefunden, die auf Seuchen zurückgeführt werden können. Das gilt insbesondere für ländliche Regionen, wo die große Mehrzahl der Europäer lebte.[28] Lässt sich an Skelettfunden überhaupt eine Todesursache sichern? Wie aussagekräftig sind paläopathologische Befunde mit gentechnischen Nachweismethoden für Mikroben? Die vielfach eingesetzten PCR-Tests sind bekanntlich wenig valide und manipulierbar. Angaben über Opferzahlen sind meist luftige Schätzungen, weil kaum verlässliche Daten vorliegen. Es ist ein vergleichbares Missverhältnis zwischen den offiziellen Zahlen und dem tatsächlichen Geschehen wie bei Covid-19 zu befürchten.

Begriffsentwirrung

„Seuche" war bis zur mikrobiologischen Ära ein Ausdruck aus dem Tierreich. Darunter fielen alle ansteckenden Krankheiten mit hoher Sterblichkeit. Die Einbürgerung des Begriffs für menschliche Infektionen ist Indiz für eine Übernahme veterinärmedizinischer Perspektiven in der Humanmedizin. Dies korrespondiert mit der „One-

Health"-Initiative, die Rechte und Standards für Mensch und Tier egalisieren will.

Krankheiten mit vielen Toten, die als ansteckend galten, hießen jahrhundertelang „Pest" oder „Pestilenz". Mancherorts wurden „Brechen" und „großes Sterben" von den Zeitgenossen synonym verwendet. Unterschiedliche Beschreibungen und Verläufe zeigen, dass eine „Pest" zu verschiedenen Zeiten und an verschiedenen Orten jeweils eine andere Krankheit war. Eine Pest war also einfach eine Epidemie mit erhöhter Sterblichkeit unabhängig von Symptomen. Am selben Ort scheinen auch simultane Krankheiten als ein einziges Pestereignis gewertet worden zu sein.

Erst im 21. Jahrhundert legen Genom-Studien das Bakterium Yersinia pestis als Erreger der ersten Pest von 1347 nahe. In der zweiten Hälfte des 14. Jahrhunderts dürfte es sich noch vielfach um die Beulenpest mit wenigen Fällen von Lungenpest gehandelt haben. Danach waren es häufig andere Epidemien. Übers Jahr wechselten sich die Erreger ab. Im Sommer vor allem Brechdurchfälle, Beulenpest eher im Spätsommer, grippeartige Krankheiten im Winterhalbjahr. Epidemien wurden über die Jahrhunderte häufiger, führten jedoch zu geringeren Übersterblichkeiten. Der Anteil Kranker in der armen Bevölkerung nahm zu.

An jeder Diagnose ist zu zweifeln

Hinter alle Seuchenerzählungen muss man mehrere große Fragezeichen setzen, da erst zum Ende des 19. Jahrhunderts Krankheitserreger identifiziert und selbst dann nur bei wenigen Kranken nachgewiesen wurden. Historische Berichte über Seuchen, die in den vormikrobiologischen Medizinsystemen entstanden sind, dürfen keinesfalls mit den heutigen, auf Erregern basierenden Diagnosen gleichgesetzt werden.[29] Wer die Seuchengeschichte nach Mikroben gliedert, hat schon verloren. Nicht einmal die Erstbeschreibung und die Herkunft epidemischer Krankheiten können als Basislager für unsere Expedition dienen.

Der sogenannte Schwarze Tod ab 1347 und dessen mindestens 7.000 angebliche Folgeereignisse sind also nicht einfach ein- und dieselbe Krankheit, nur weil die gleiche Bezeichnung verwendet wurde. Authentische Symptombeschreibungen sprechen nur teilweise von Beulen an den typischen Lokalisationen. Neben Beulen wurden verschiedene Arten von Hautausschlag (Pestflecken, Lenticulae) der Pest zugeordnet. Mancherorts galten dunkel gefärbte Punkte oder Pusteln als beweisend für einen Pesttod. Bis weit ins 19. Jahrhundert wurde die Pest zumindest in den romanischen Ländern als "typhus de l'Orient" den typhoiden Erkrankungen zugeschlagen.

Damalige Ärzte bezeichneten zudem Erkrankungen ohne Beulen oder Blattern ebenfalls als „Pest". Zu den wichtigsten Symptomen gehörten Fieber mit Hitzewellen, Schüttelfrost, rasendes Herzklopfen, Atemnot, Schmerzen im Brustkorb und Schweißausbrüche. Häufig mitgeteilt wurden weiterhin Übelkeit, Krämpfe, Schwerfälligkeit in allen Gliedern, Appetitlosigkeit, großes Durstgefühl, Schläfrigkeit, Erbrechen und Durchfall, stinkender Atem sowie Blutspeien. Heute würden wir vieles davon als Brechdurchfälle oder Grippe klassifizieren. Von den vom 15. Jahrhundert bis 1850 erfassten etwa 6.000 epidemischen Ereignissen in Italien ist bestenfalls ein Drittel der Beulen- oder Lungenpest zuzuordnen.[30]

Und ob diejenigen, denen man eine „Cholera“ bescheinigte, wirklich alle reiswassergleiche Durchfälle, „Typhus“-Kranke erbsbreiartige Ausscheidungen oder „Ruhr“-Patienten blutige Stühle aufwiesen, erfahren wir in den seltensten Fällen. Geschlechtskrankheiten wurden bis zum 20. Jahrhundert pauschal vielfach als „Lues“ oder „Psora venerea“ bezeichnet. „Syphilis“-Diagnosen dürfen nicht für bare Münze genommen werden. In verschiedenen Ländern gab es oft verschiedene und auch wechselnde Bezeichnungen.

Wenn sich Diagnosen änderten, ist daher nicht unbedingt zu entscheiden, ob es sich um verschiedene Krankheiten oder veränderte Krankheitserscheinungen beim selben Erreger handelte. Die kolportierten Symptome sind selten so charakteristisch, um sie eindeutig zuzuordnen. Trotz Obduktionen werden gleiche Diagnosen ganz unterschiedlich beschrieben. „Die Ärzte sagten, es sei die Cholera, aber die Leute in der Gegend behaupteten es wäre die Pest.“[31] Warum endete die „Pest“ so abrupt 1666 in London, 1720 in Marseille und 1770 in Moskau?

Wie viele Seuchenopfer dürfen es sein?

Immer wieder genannte Bevölkerungsrückgänge von 70-80% in manchen Städten und Regionen sind keinesfalls repräsentativ. Wie hätte sich die englische Bevölkerung zwischen 1500 und 1700 verdoppeln sollen, wenn von mehr als 6.000 erfassten europäischen „Pestereignissen“ zwischen 1347 und 1750[32] regelmäßig hohe Übersterblichkeiten aufgetreten wären?[33] In Bayern, Böhmen oder Schlesien hatten Seuchen offenbar keine Rolle gespielt.[34] Ein Historiker bemerkte Ende des 19. Jahrhunderts sarkastisch, dass die Pest in die genannten Regionen von der Geschichtswissenschaft eingeschleppt wurde.[35] Selbst große Städte wie Mailand oder Prag berichten oft nur geringe Fallzahlen. Wo es alle paar Jahre zu pestartigen Häufungen von Fieberkrankheiten kam, scheint man sich mit Phasen von Übersterblichkeit arrangiert zu haben. So drastisch kann der Bevölkerungsverlust nicht gewesen sein.[36]

Schon die Zahlen der Einwohner und der vor Ort verbliebenen Menschen in den vorrangig von Seuchen betroffenen Städten sind unsicher. In Florenz schwanken die Angaben zwischen 55.000 und 110.000 Einwohnern zum Zeitpunkt der ersten Pest.[37] Wenn 40-50.000 überlebt haben, differiert die Bevölkerungsabnahme zwischen 20 und 50%! Für London werden 1665 Einwohnerzahlen zwischen 460.000 und 600.000 genannt und die aufs Land Geflüchteten zwischen 100.000 und 200.000 beziffert.[38] Seriöse Sterblichkeiten lassen sich aus diesen Angaben nicht ermitteln.

Historiker präsentieren unkommentiert sogar absurde Zahlen. Wären in Augsburg 1420 circa 16.000 Bewohner wirklich verstorben, hätte die Stadt angesichts einer Bevölkerung in gleicher Größenordnung fast menschenleer sein müssen. Für Oxford wird im 14. Jahrhundert ein Rückgang der Studentenzahl von 30.000 auf 6.000 genannt,[39] obwohl die damals sechs Colleges keine 2.000 eingeschriebenen Hörer hatten![40]

Ein realistischeres Bild bekommen wir abseits der Seuchenzentren in überschaubareren Gemeinwesen. So wenig regionale Einzelheiten taugen, Verallgemeinerungen für ganz Europa abzuleiten, sind Fakten doch immer regional. Geschichte passiert ausschließlich im Hier und Jetzt und ist damit in der viel geschmähten Heimatgeschichte am authentischsten präsent. Außerdem lebten die meisten Menschen überall in Europa auf dem Land.[41]

Als die Beulenpest im Sommer 1564 in Stratford-upon-Avon auftrat, starb ein Sechstel der Bevölkerung. Die Mutter von William Shakespeare konnte sich mit ihrem Säugling in ihr benachbartes Heimatdorf in Sicherheit bringen. Wiewohl in Sichtweite, sprangen keine Infektionen über. In anderen Städten Englands und des Kontinents zeigen Sterbequoten ebenfalls Größenordnungen von etwa 15% der Einwohner. Bei einer ohnehin hohen Sterberate von bis zu 5% in den epidemiefreien Intervallen verdreifachte eine Pest in etwa die Sterblichkeit.[42] Vergleichbares findet sich in den Chroniken der Stadt Augsburg. 1535 bezifferte ein Ärzteteam für das dortige Pesthaus, dass „aus 147 nur etwa 15 oder 16 sterben."[43] Bei jeder pestartigen Epidemie, die wie anderorts im 15. und 16. Jahrhundert etwa alle 10 Jahre auftrat, verdoppelte oder verdreifachte sich die Sterbequote.[44]

Seit kurzem entlarven die Archive der englischen Hafenstadt Bristol, die 1666 etwa 15.000 Einwohner zählte, die angebliche Seuchentragödie des Abendlandes.[45] Nicht nur die kleineren Zahlen helfen. Bristol liefert einen Vergleichsmaßstab. Starben dort über Jahrzehnte bei jeder Pest wie anderswo 10 bis 20% der Bewohner, war 1665/6 alles anders. Während in London 60-80% der etwa 100.000 an der Beulenpest Erkrankten starben, gab es in Bristol nur etwa 100 Tote! Um 0,6% der Bevölkerung. Je nach Anteil der Erkrankten, lag die Sterblichkeit an der Seuche nicht höher als 2-3%. Mehr als 95% der angeblichen „Pesttoten" anderswo fielen also nicht der Virulenz eines Erregers zum Opfer, sondern resultierten aus Gegebenheiten und Reaktionen des Gemeinwesens!

Sterberaten epidemischer Brechdurchfälle im 19. Jahrhundert fallen ebenfalls deutlich niedriger aus als kolportiert. Der Würzburger Arzt Nikolaus Anton Friedreich (1761-1836), Leiter des dortigen Juliusspitals, berichtete bei einer Epidemie, die als Typhus bezeichnet wurde, 5 Todesfälle unter 136 Erkrankten.[46] Bei der letzten großen Cholera-Epidemie in Hamburg 1892 machten die 8.605 Todesfälle unter etwa 17.000 Erkrankungen nur knapp 2% der Einwohner aus. Selbst unter verheerenden Lebensbedingungen bei einem Bevölkerungswachstum ohne flankierende Infrastruktur wie im 19. Jahrhundert, erkrankten nie mehr als 5% der Bewohner. Dies korrespondiert zu Zahlen der Pest aus Indien am Ende des 19. Jahrhunderts.[47]

Übersterblichkeiten durch Infektionskrankheiten gab es in den europäischen Großstädten nur, wenn Fäkalien Wasser, Luft und Nahrung vergifteten. Eine apokalyptische Dezimierung der Menschen stand nirgendwo ins Haus. Immer wieder berichtete Leichenberge waren schon damals die Folge von Sammeltransporten zu den Begräbnisstätten. Dies erklärt, warum die betroffenen Städte meist zögerlich und wenig zielgerichtet auf Epidemien mit präventiven Maßnahmen reagierten.

In den letzten 100 Jahren hat in Europa überhaupt keine Seuche eine Übersterblichkeit verursacht. Das gilt auch für die Spanische Grippe; denn die meisten Toten verstarben aufgrund von Krieg und Not zum Ende des Ersten Weltkriegs an verschiedensten Krankheiten.[48] Viren konnten damals gar nicht nachgewiesen werden. Keine der weiteren, mit Namen versehenen Grippe-Epidemien hat seither in den Sterbestatistiken eine Spur hinterlassen. Sie fanden hauptsächlich in den Medien statt. Selbst 2022 gestand die WHO ein, dass die Mehrzahl der Todesfälle „in Zusammenhang mit Covid-19" den Maßnahmen geschuldet war.[49]

Macht der Tod alle gleich?

Todesschneisen scheinen die wenigsten Seuchen in Europa gezogen zu haben. Außerdem weisen Bevölkerungsgruppen erhebliche Unterschiede auf. Gestorben wurde vorrangig in den Quartieren der Unterschicht.[50] Todesfälle unter den Wohlhabenderen waren auffällig seltener.[51] Ober- und Mittelschichten blieben dementsprechend gelassen. Während der Cholera-Epidemie in Berlin 1831 lässt eine Professorengattin verlauten: „man sieht ja es trifft keinen als den, der sich arge Diätfehler zu Schulden kommen läßt" und Krankheitsfälle gibt es „hier so Wenige aus höhern u. mittleren Ständen."[52] Am Ende der Krankheitswellen bestand meist ein Mangel an Arbeitern der Faust.

Handel und Produktion von Luxuswaren wie Seide zeigten kaum Einbrüche.[53] Immer wieder finden sich Schilderungen von Schlossanlagen, die von Seuchen verschont blieben. „Wer ist denn 1831 hier oben gestorben? Kein Mensch, der zu essen hatte."[54] Handel und Industrie nahmen ab der Mitte des 14. Jahrhunderts einen großen Aufschwung. Reiche Handelsstädte mit regem Personenverkehr aus anderen Regionen überliefern keine Pestereignisse. Wieso vermeldeten gerade Gebiete wie das Königreich Polen, die vertriebenen Juden Schutz garantierten, bei Pestwellen keine Übersterblichkeiten?

Trotz Unkenntnis über krankheitserregende Mikroben und Toxine war besonders der Oberschicht der Nutzen von sauberem Trinkwasser und unverdorbenen frischen Nahrungsmitteln sowie reiner Luft bewusst. Herrschaftliche Anwesen in Städten hatten bei Möglichkeit ihre eigenen Brunnen, häufig eine eigene Nahrungsmittelproduktion auf einem Landgut, große Vorratskammern und weitläufige Hofanlagen. Bei guter Versorgung war das Risiko für Infektionskrankheiten grundsätzlich geringer, sofern die Betreffenden nicht dem Alkohol zu sehr zusprachen oder übergewichtig waren.

Wer es sich leisten konnte, verließ außerdem im Seuchenfall die Stadt oder Region. Flucht galt jahrhundertelang als „beste Arznei“. Voraussetzung dafür war natürlich eine gesicherte Bleibe wie Landgüter oder verschonte Klöster, die Möglichkeit mit einem Gefährt und gegebenenfalls einem Passierschein überhaupt dorthin zu kommen, sowie eine Vertrauensperson, die vor Ort blieb. Konkret traf dies meist nur für Adelige und gutsituierte Patrizier sowie Geistliche zu. Entsprechend wiesen diese Personengruppen, die in Bevölkerungsstatistiken nur zeitweise fehlten, überall die geringsten Verluste auf.

Zur Zeit der ersten Pestwelle liegen für nur 97 von 5.000 untersuchten Klöstern Beweise für Seuchenkranke vor.[55] Die Chronik von Parma berichtet: „Die armen Pestkranken wurden von ihren Ärzten, Dienern, Notaren sowie den Geistlichen und Bettelbrüdern in Stich gelassen, so dass sie weder bedient noch gepflegt wurden noch ihr Testament machen noch reumütig die Absolution erhalten konnten“.[56] Selbst der Reformator Calvin weigerte sich bei einer späteren Pest, die Kranken in den Spitälern zu besuchen. Spöttische Bemerkungen, Klosterbrüder zwangsweise zur Krankenpflege in Pestzeiten zu verpflichten, geben hiervon beredtes Zeugnis.[57] Als Ersatz für feierliche Totenmessen verscharrte in Italien eine neue Berufsgruppe, die Becchini, die Leichen der Ärmeren gegen Bezahlung.

Der immer wieder beschworene „Schnitter Tod“, der die Menschen ohne Ansehen der Person und deren Wohlstand niedergemäht hätte, war nicht am Werk. Da Seuchen vornehmlich dort stattfinden, wo viele arme Menschen auf engem Raum leben, bleibt von angeblichen Entvölkerungen durch Krankheitserreger weit weniger übrig, als die hysterischen Übertreibungen in Lehrbüchern und Geschichtswerken vermitteln. Selbst bei einer Sterblichkeit von 30% bei der großen Pest im 14. Jahrhundert wären davon überwiegend die 10% der Bevölkerung in den wenigen größeren Städten betroffen gewesen.

Von den 80-100 Millionen Europäern zu dieser Zeit wären dann nicht 30 Millionen, sondern bestenfalls 3 Millionen Menschen verstorben! Verteilt auf vier Jahre ergibt sich daraus kaum eine Übersterblichkeit. Die große Mehrzahl verstarb noch dazu an den Folgen verfehlter Maßnahmen und Behandlungen und nicht an Krankheitserregern! Für alle anderen Seuchenereignisse ist ein vergleichbares Missverhältnis anzunehmen.

Selbst für die Pocken, die bis heute als Erkrankung ohne Bezug zum sozialen Status gelten, erwies eine Auswertung der Epidemie von 1870-72 in Amsterdam das Gegenteil. (58) Das Risiko, an den Pocken zu sterben, war für die ärmsten Bewohner 6-8mal so hoch wie für die wohlhabendste Schicht. „Schnitter Tod“ sammelte seine Opfer nicht unabhängig vom Füllungszustand der Geldbörse ein.

Woran starben Seuchenkranke wirklich?

Es herrscht immer noch die Überzeugung, epidemische Infektionskrankheiten seien die Hauptursache für die geringere Lebenserwartung unserer Vorfahren. Was macht uns so sicher? Ein tödlicher Krankheitsverlauf hatte immer mehr mit Vorerkrankungen und Lebensbedingungen, als mit bestimmten Krankheitserregern zu tun. Kriegsereignisse mit Mord, Totschlag, Verwüstung und Not trugen maßgeblich zum vorzeitigen Ableben bei.[58] Während des Dreißigjährigen Krieges war die Zahl von Pestausbrüchen und Seuchenopfern deutlich höher als vom 14. bis zum 16. Jahrhundert.

Die Fakten sind komplizierter als die kommunizierten Zahlen. Wie viele Menschen verstarben an einer Infektionskrankheit, weil sie niemand mehr versorgte und pflegte? Kranke wurden noch bei der letzten Pestepidemie in Frankreich 1720 „in einem Loch oder im abgelegensten Zimmer des Hauses eingesperrt, ohne Möbel, ohne Toilette (...) nur mit einem Krug Wasser".[59] Und wie schädlich waren die Therapieversuche? Wie viele Menschen an welcher Krankheit, an Morden oder Selbstmorden starben, unterliegt groben Schätzungen.

Ungeachtet aller Vorschriften, die Toten bei Seuchen vollständig zu erfassen und die mutmaßliche Todesursache zu vermerken, ist dies oft genug nicht oder nicht kompetent durchgeführt worden. Obwohl in Florenz von den Leichenbestattern seit 1377 verlangt wurde, Totenbücher zu führen, sind diese lückenhaft. Die ab 1424 verbindliche Zuordnung von Todesursachen erfolgte besonders in epidemischen Zeiten nur gelegentlich. Medizinisch kompetentes Personal wurde gerade bei hoher Sterblichkeit selten zu Rate gezogen. In London legten Tagelöhner und alte Frauen gegen Geld die

Todesursachen fest. Zuwendungen in Form von Naturalien oder Geldstücken dürften die gewünschte Todesursache bei Bedarf beeinflusst haben.

Ärztliche Diagnosen waren nicht unbedingt besser. Bekanntlich fischten die Mediziner meist im Trüben. Es fehlte jede Systematik. Eine Unterscheidung zwischen Typhus und Cholera beruhte bei Brechdurchfall selten auf Fakten. Hauterscheinungen galten als Befreiungsschläge des Körpers. Bestenfalls genügten die als typisch geltenden Symptome oder die zeitliche Koinzidenz eines Krankheits- oder Todesfalles mit einer Seuche. Obduktionen waren aus Angst vor Ansteckung selten und in der Regel unergiebig.[60] Bei der Spanischen Grippe gab es in Kälte und Not ab dem „Steckrübenwinter" 1917/18 sicher vermehrt Atemwegskranke wie in den Schützengräben. Niemand machte ein damals unbekanntes H1N1-Virus dingfest.

Die Sterblichkeit darf nie irgendeiner Seuche alleine zugeschrieben werden. Die Chroniken für Pestjahre beinhalten meist alle in diesem Zeitraum Verstorbenen, ohne zu berücksichtigen, wie viele Menschen üblicherweise jedes Jahr verstarben. Die Sterblichkeit lag damals zwischen den Seuchenjahren ohnehin bei 3-5%. Nur bei einem Teil der Opfer entsprach die vorhergehende Symptomatik der vermuteten Infektionskrankheit.

Wenn bei Epidemien vor allem Kleinkinder oder Jugendliche zu Tode kamen, kann es sich nicht um die üblichen Verdächtigen wie Beulenpest, Typhus oder Influenza gehandelt haben, sondern eher um spezielle kindliche Durchfallerkrankungen, Toxine oder bakterielle Infektionen mit Hirnhautentzündungen. Bei den typischen Seuchen der Erwachsenen starben bevorzugt alte und vorerkrankte Menschen.

Ausdrücklich als Seuchentote klassifizierte Personen entsprechen ebenfalls nicht den tatsächlichen Opfern. Einerseits wurde ein Seuchentod wegen möglicher Auflagen von den Betroffenen und aus Angst vor wirtschaftlichen Folgen von Obrigkeiten verschwiegen. Häufiger wurden bei höheren Sterblichkeiten aber die Vorkommnisse von Ärzten, Geistlichen und anderen Profiteuren der Epidemien großzügig ausgelegt. Von angelieferten Leichen wusste man in der Regel nichts über deren Erkrankung. Ärzte und Angehörige übernahmen bereitwillig die gerade häufigste Erklärung für Krankheit und Tod. Die statistische Wahrscheinlichkeit und die geistige Bequemlichkeit sprachen dafür. Dies war auch bei den Hinterbliebenen erwünscht, da Seuchentote auf kommunale Kosten in Massengräbern bestattet wurden und die zumeist der Unterschicht entstammenden Familien die Begräbniskosten sparten.

Der Philosoph Georg Wilhelm Friedrich Hegel (1770-1831) gilt bis heute als eines der wenigen Choleraopfer aus der Oberschicht während der ersten Epidemie in Berlin, obwohl er keinerlei Symptome hatte, die zu einer Cholera passten.[61] Für die Ärzte war die Bescheinigung der aktuell grassierenden Seuche eine sichere Bank. Niemand machte ihnen Vorwürfe oder belangte sie, wenn Kranke der gerade grassierenden Seuche erlegen waren. Immer wieder kolportierte Sterblichkeiten von bis zu 50% alleine durch einen Krankheitserreger sind weltfremd.

In gesellschaftlichen Ausnahmesituationen, in denen viele starben, bot es sich gegebenenfalls an, unliebsame Menschen mit zu beseitigen. Giftmorde waren bis zum 20. Jahrhundert weit häufiger als heute und nicht nur in Adelskreisen verbreitet. Das leicht verfügbare und hochgiftige Arsenik war das beliebteste Gift, da es bis zur Mitte des 19. Jahrhunderts nicht nachweisbar war und die Symptomatik bei den Vergifteten variabel ausfiel. Ähnlichkeiten zu Rippenfellentzündungen, Erkältungen, Durchfallerkrankungen oder Schlaganfällen machten es Ärzten nicht leicht, Verdacht zu schöpfen. Zu Seuchenzeiten konnte man also mit Arsenik eine Erbschaft risikolos vorverlegen. Wenn als Todesursache eine teuflische Seuche bescheinigt wurde, gab es selten Nachfragen.

Darüber hinaus konnte organisches oder anorganisches Gift im Trinkwasser aus Brunnen oder Fließgewässern immer wieder zu Vergiftungserscheinungen mit Übelkeit, Erbrechen, Lähmungen, Hautausschlag und Fieber führen. Straßenweise gehäufte Erkrankungen mit gleicher oder ähnlicher Symptomatik mochten durchaus von einer Brunnenvergiftung herrühren. Achtlose Verunreinigungen (zum Beispiel Schlachtabfälle, Tierkadaver, gewerbliche Giftstoffe von Handwerksbetrieben) kommen dabei genauso in Betracht wie ein absichtlicher Gifteintrag. Im Mecklenburgischen soll ein Schäfer genötigt worden sein, den Kadaver seines Hundes in einen Gesundbrunnen zu werfen, um das Auskommen der dortigen Ärzte nicht zu gefährden.[62] Wer hätte eine seuchenartige Fieberkrankheit und eine Vergiftung bei den damaligen medizinischen Kenntnissen differenzieren sollen?

Der Verdacht einer Brunnenvergiftung als Ursache von Krankheitshäufungen in kurzer Zeit kam bei vielen Seuchen in allen Jahrhunderten auf. Man sollte diese Hypothese nicht vorschnell als haltlose Spekulationen verwerfen, nur weil Judenpogrome zumeist mit diesem Vorwurf begründet wurden. Die in einer Stadt lebenden Juden hatten als Kaufleute, Geldverleiher und Ärzte sicher keinen Grund, ihre Kunden und Schuldner umzubringen. Hingegen könnten verfeindete Bewohner verschiedener Stadtviertel oder einflussreiche Kreise über eine Trinkwasservergiftung in einem bestimmten

Wohngebiet (z.B. wegen einer Immobilienspekulation) ein Interesse am Tod anderer gehabt haben. Wer es sich in einer Stadt leisten konnte, hatte jedenfalls in der Regel aus Sicherheitsgründen seinen eigenen Brunnen.

Alle Zahlen „Seuchentoter" sind ebenso wie der Anteil an den Erkrankten und der Gesamtbevölkerung mit größter Skepsis zu betrachten. Nirgendwo gibt es bis in unsere Zeit bestätigte Diagnosen und objektiv ermittelte Todesursachen. Ein Virusnachweis an einigen wenigen Permafrost-Leichen über 70 Jahre nach der Spanischen Grippe beweist keine damalige Virusepidemie.[63] Grippeartige Erkrankungen mit Influenzaviren waren in Notzeiten ebenso häufiger wie andere virale oder bakterielle Atemwegserkrankungen. Woran die Menschen wirklich verstorben sind, lässt sich retrospektiv gar nicht mehr nachvollziehen.

Todesursache Therapie

Die wenigsten Zeitgenossen erwähnen die Vervielfachung von Krankheit und Tod durch ärztliche und nicht-ärztliche Behandlungsversuche. Alle damals üblichen Therapien, die zwischen den Infektionskrankheiten wenig Unterschiede machten, verschlechterten die Genesungs- und Überlebenschancen. Wer sich bei einem Brechdurchfall eine ärztliche Behandlung leisten konnte und wollte, hatte damit womöglich sein Todesurteil unterzeichnet.[64] Der Bochumer Bergarzt Carl Arnold Kortum (1745-1824) dichtete 1784: „In der Stadt und auf dem Lande herrscht eine Seuche, da gibt es also natürlich manche Leiche; doch an Orten, wo keine Ärzte sind, sterben sie nicht so häufig noch so geschwind."[65]

Mediziner der klassischen Säftelehre setzten über Jahrhunderte auf Trinkverbote, Aderlässe, Brech- und Abführmittel, sowie eine exzessive Steigerung des Speichelflusses. Der Flüssigkeitsverlust Kranker wurde auf bis zu 20 Liter pro Tag hochgetrieben.[66] In den Pestschriften finden sich in unterschiedlichen Reihenfolgen durchgängig Klistier, Aderlässe, erhitzende Arzneimittel zum Schwitzen und Abführen. Danach sollte die Behandlung der Pestbeulen erfolgen. Ohne die Schwitzkuren wäre der sogenannte Englische Schweiß nicht tödlich geworden.[67] Eine Sterblichkeit von 50% in vielen Städten war nicht verwunderlich. Der Medizinhistoriker Norman Howard-Jones (1912-2006) sprach 1972 davon, dass es sich bei den ärztlichen Behandlungen weniger um Heilungsversuche, als um gutgemeinte Tötungen gehandelt habe.[68]

Fortschrittliche Ärzte, die im 19. Jahrhundert „Reizmittel" nach der Lehre des sogenannten Brownianismus verordneten, gefährdeten ihre Patienten nicht weniger. Hochdosiertes Opium, hochprozentige Spirituosen, Kampfer und Moschus galten zusammen mit dem Quecksilberpräparat Kalomel als Allzweckwaffen, obwohl „anhaltende und heftigere Delirien, schnellerer Puls, Vermehrung der Fieberhitze und Trockenheit der Zunge" bekannte Auswirkungen waren.[69] Schon damals wurden Todesfälle „als erkünsteltes tödtliches Product" durch „die Anwendung der Reizmittel" erkannt.[70]

Entleerungsbehandlungen wurden sogar oft mit Opium, Alkoholika und Quecksilber kombiniert: „Erschöpfende Aderlässe, Centurien von Blutegeln auf den Unterleib, Riesengaben von versüßtem Quecksilber und Mohnsaft konnten die Menschen nicht retten, und vielleicht ist es noch besser (...) lauwarmes Wasser und versüßtes Reiswasser eimerweise zu geben, um die Kranken wenigstens nicht vergiftet zu haben.“[71] Es gab keine Infektionskrankheit, die so viele Todesfälle verursachte wie ihre Behandlungen.

Bei der letzten Choleraepidemie in Hamburg 1892 starben – umgerechnet auf die Einwohnerzahl – nur deswegen zehnmal so viele Menschen wie in Berlin 1831/2, weil die Hamburger Ärzte immer noch die Kranken massiv entwässerten.[72] Ein Kreislaufversagen war unvermeidlich. Hätte man den Kranken überall ausreichend sauberes Wasser zu trinken gegeben, keine Abführmittel verordnet und nicht umgehend Aderlässe durchgeführt, es hätte wohl kaum eine Übersterblichkeit gegeben. Auch dies ist eine Parallele zu Covid-19: mehr gestorben wurde in der vermeintlichen „ersten Welle“ nur dort, wo nach chinesischer Anleitung mit toxischen Medikamenten und frühzeitiger Beatmung behandelt wurde.[73]

Und wer blieb schon unbehandelt? Selbst diejenigen, die sich keine medizinischen Dienste leisten konnten, verließen sich selten auf eine Spontanheilung. Diese Selbstbehandlungen bestanden keineswegs nur aus Kräutertees und kalten Wickeln. In den meisten Regionen verabreichte man bei Fieberkrankheiten Wein, Branntwein, betäubungsmittelhaltige Haustrünke und reichlich Abführmittel.[74] Flüssigkeitsmangel in Kombination mit Alkohol muss häufig zu deliranten Zuständen, Herzrasen, Verstärkung des Fiebers und zentralem Regulationsversagen geführt haben.

Behandelte Kranke starben nach den wenigen Zahlen weit häufiger als unbehandelte. Wenn vor allem auf eine gute Pflege und Ernährung mit gekochten Flüssigkeiten gesetzt wurde, ging die Sterblichkeit drastisch zurück. Bei den Typhus- und Choleraepidemien in Großstädten verstarb unter homöopathischen Therapien nur ein Bruchteil der Patienten verglichen mit den schulmedizinisch Behandelten, von denen nur etwa jeder zweite überlebte.[75] Bei Fleckfieberepidemien wurde die Sterblichkeit von etwa einem Drittel der Erkrankten durch ärztliche Therapien leicht auf die Hälfte gesteigert.[76] Die englische Krankenschwester Florence Nightingale (1820-1910) konnte die Todesrate ihrer Pfleglinge im Krimkrieg nicht nur durch Hygiene und Empathie von 42 auf 2% senken.[77] Sie verwehrte Ärzten den Zutritt. Man muss daher die behandlungsbedingten Todesfälle von den ermittelten Sterblichkeitsraten subtrahieren, wenn man die tatsächliche Gefährlichkeit einer Seuche ermessen will.

Teil 2: Krankheitsbilder

Seuchenartige Atemwegsinfektionen

Mehr Propagandemien als Pandemien

Warum haben Atemwegsinfektionen vor dem Englischen Schweiß 1529, der Spanischen Grippe und Covid-19 in der europäischen Seuchengeschichte keine Rolle gespielt? Oder muss man die Frage andersherum stellen: wieso konnten grippale Infekte erstmals vor 500 Jahren die Menschen in Angst und Schrecken versetzen? Aufklärung tut not, da Erkältungen in Zeiten des Wetterwechsels schon immer das Wohlbefinden beeinträchtigten und zu den menschlichen Grunderfahrungen gehören.

Vor dem 16. Jahrhundert gibt es keine Belege für epidemische Häufungen schwerer Atemwegsinfekte. Hippokratische Schriften aus dem antiken Griechenland erwähnen ebenso wie einige der römischen Zeit zugeschriebene Aufzeichnungen Erkältungskrankheiten zu Beginn und am Ende des Winters. Von einem gesundheitlichen Notstand ist nirgends die Rede. Nur eine arabische Quelle nennt für das Jahr 855 eine Erkältungswelle, an der viele Menschen gestorben seien.[78] 1249 soll eine Grippeattacke ein Heer der Kreuzzügler in Ägypten aufs Krankenlager gezwungen haben.[79] Danach erfahren wir nur anekdotisch von herbstlichen und winterlichen Erkältungskrankheiten, obwohl mittelalterliche Häuser mit überwiegend unbeheizten Räumen und unverglasten Fenstern wenig Schutz vor Zugluft boten. Eine Bedrohung ähnlich Pest oder Pocken mit dem Tod jüngerer Menschen ist nicht überliefert.

Erst zu Beginn der Neuzeit wird über sieben Jahrzehnte von angeblich verheerenden Grippewellen berichtet, die entweder von den Britischen Inseln oder dem Mittelmeerraum ihren Ausgang genommen hätten. Wieso sollen plötzlich Erkältungen viele Todesopfer verursacht und stellenweise bevorzugt kräftige Männer im besten Alter umgebracht haben? Handelte es sich um bis dahin unbekannte Viren? Lagen gar andere Krankheiten vor? Oder war alles nur ein Sturm im Wasserglas?

Ein Unikum verbreitet Angst und Schrecken

1529 taucht auf dem europäischen Kontinent in einem „influenzafreien Intervall" eine angeblich neue Grippe auf, die als Sudor anglicus oder Englischer Schweiß in die Geschichte einging. Schneller als die eigentliche Pest soll sie getötet haben. Oft innerhalb von 24 Stunden. Während es auf den Britischen Inseln fünf Seuchenzüge, dieser seither „ausgestorbenen" rätselhaften Krankheit zwischen 1485 und 1551 gegeben haben soll, hätte eine erkältete Schiffsbesatzung erst- und einmalig die Seuche beim vierten Auftreten am 25. Juli 1529 in Hamburg angelandet. In der Folge verwandelten sich zahlreiche Städte des Kontinents durch dieses „pestilentzische Feber"[80] in Krankenlager. Als beim vorhergehenden dritten Auftreten der Krankheit 1516-18 nur die französische Kanalküste erreicht worden war, erkrankten dort ausschließlich Engländer.

Eine grippale Erkrankung mit hoher Temperatur, Kopfschmerzen, namensgebendem übelriechendem Schweiß, Katarrh, Benommenheit, rasendem Puls, Hals- und Gliederschmerzen und sehr wenigem dunklem Harn, die genauso schnell wieder verschwand, wie sie gekommen war. Eine merkwürdige Seucheneskapade, die schon wegen ihrer Einmaligkeit Zweifel am Geschehen weckt. Oder hätte sich am Ende ein „Killer-Virus“ umgehend ins biologische Abseits mutiert?

Nach den Quellen soll der Englische Schweiß nach dem Auftreffen im Hamburger Hafen innerhalb von 22 Tagen 1100 Menschen (etwa 6-9% der damaligen Hamburger Bevölkerung) das Leben gekostet haben.[81] Die Panik wurde durch zahlreiche Flugschriften, die jetzt massenweise gedruckt werden konnten, in den deutschen Landen verbreitet und aufs Äußerste gesteigert.

Wahrscheinlich handelte es sich nicht ausschließlich um eine Sommergrippe, da Hände und Füße mancher Kranker von stinkenden und schwarzen Blattern übersäht gewesen sein sollen.[82] Einige könnten die Pocken gehabt haben. Andernorts wurden nur in ganz wenigen Fällen an den Gliedmaßen kleine, nicht konfluierende und die Haut sehr uneben machende Bläschen angegeben.

Betroffen waren vor allem ländliche Regionen und in den Städten ganz überwiegend kräftige Männer mittleren Alters aus der Oberschicht. Frauen, Kinder und alte Leute sollen nur vereinzelt erkrankt sein. Je später ein Ort erreicht wurde, desto milder seien die Verläufe geworden.[83] Starben ab September 1529 in Dortmund noch 497 von 500 Betroffenen, wären es in Stuttgart einen Monat später nur 6 von 4000 gewesen.

Als ultimatives Heilmittel wurde für die vermeintlich neue Krankheit eine exzessive Schwitzkur mit Bewegungsverbot propagiert, bei der Kranke für 24 Stunden in Decken, Federbetten oder Pelzen eingeschnürt und teils von Personen beschwert, in warmen Räumen schwitzen mussten (Niederländisches Regiment). Türen und Fenster wurden versperrt, um jede Zugluft zu vermeiden. Beim Auftreten von Delirien sollten die Kranken unter den Decken festgehalten werden. Die Notdurft erfolgte eingeschnürt im Bett. Und das in der wärmsten Zeit des Jahres! Eine 59-seitige Therapie-Empfehlung aus dem Jahr 1529 stammt von zwei Apothekern, für deren Existenz sich nie ein Beleg fand.[84]

Die Sterblichkeit betrug unter dem Niederländischen Regiment bis zu 95%. Wer diese Rosskur überlebte, sollte weiter warm gehalten werden und zur Verhütung eines Rückfalls Aderlässe und Abführmittel erhalten. Im Vergleich dazu galt das weniger drastische Englische Regiment, das die Schwitzkur auf 6-8 Stunden begrenzte, als „wirksamer“. Die Sterblichkeit wäre darunter geringer als bei der Pest oder den Pocken gewesen. In Hamburg starb umgehend niemand mehr, als man die Schwitzkur auf vier Stunden beschränkte.[85]

Sobald sich die grippeartige Erkrankung entlang der Handels- und Postwege in Mitteleuropa unter Aussparung von Frankreich, Italien, Böhmen und Mähren verbreitete,[86] wurde überall jeder, der nur irgendwie unpässlich war, unter Pelzen und Federbetten begraben und in überheizten Zimmern interniert. Martin Luther (1483-1546) und andere Reformatoren, sowie die wenigen klar denkenden Menschen befreiten zahlreiche Kranke aus ihren Schwitzkästen und retteten ihnen das Leben. Luther brandmarkte unmissverständlich die Schwitzkuren als Ursache des Leidens bei Kranken und Gesunden: „zu warnen vor dem Gerücht von der neuen, der englischen Pest. (...) Viel Grundloses wird in dieser Sache verbreitet. Das gegen diese Krankheit herausgegebene Regiment ist die Ursache, dass viele, wenn sie zu schwitzen anfangen, vor Angst glauben, von ihr befallen zu werden. In Magdeburg sind 800 – 1000 in Schweiß geraten, alle aber genesen, außer denen, die diese Pferdekur ohne Krankheit getötet hat, nämlich 20-30."[87]

In Hamburg gab es einen konkreten politischen Grund für die maßlose Angstpropaganda, die von katholischen Geistlichen maßgeblich befeuert wurde. Wenige Monate zuvor hatte die protestantische Partei die Macht übernommen und die Klöster der Stadt geschlossen. Die Ordensbrüder hatten größtes Interesse, eine Krankheitswelle zu einer göttlichen Strafe aufzubauschen; denn der katholische Klerus war durch den Protestantismus aus zahlreichen Städten vertrieben worden. Entsprechend deckte sich das Ausbreitungsgebiet des Englischen Schweißes auf dem Kontinent weitgehend mit den deutschen Ländern, in denen um die Reformation gerungen wurde.[88] Konkret betroffen war dann der im Oktober 1529 stattfindende Disput zwischen Martin Luther und seinem Schweizer Pendant Huldrych Zwingli (1481-1531) in Marburg. Wegen Fällen von Englischem Schweiß wurde das Treffen abgebrochen.

Die überwiegend leicht beeinflussbare Landbevölkerung und gebildete Männer in den Städten machten die Mehrzahl der Opfer der Propagandaseuche aus. Voraussetzung dafür war eine absolute Hörigkeit gegenüber offiziellen und medizinischen Verlautbarungen. Die initiale Panik ebnete den Weg zu aberwitzigen Therapien, die durch die Todesfälle eine Angstspirale in Gang setzten. Als sich 2020 wegen Covid-19 wiederum viele Menschen prophylaktisch in ihre Wohnungen sperren und medizinischen Humbug aufreden ließen, war dies nicht der erste Sündenfall, der eine harmlose Grippe therapiebedingt in ein Weltuntergangsszenario verwandelte. Mit einem ausländischen Namen und tödlichem therapeutischen Unsinn wurde bereits 1529 eine Sommergrippe zum Seuchenmonster.

Wer bei dieser Seuche nach einem Krankheitserreger oder einer Vergiftung fahndet, erleidet Schiffbruch. Seit fast einem halben Jahrtausend arbeiten sich dennoch Mediziner, Historiker und Medizinhistoriker an den Ereignissen ab, die erkennbar nichts anderes als ein Verbrechen perfider Geistlicher und Ärzte an einer leichtgläubigen Bevölkerung war. Alle vermeintlichen Symptome der neuen Krankheit resultierten erkennbar aus Behandlung und Prophylaxe. Menschen waren schon damals gefährlicher als Viren. Auf einen Test konnte man damals noch verzichten.

Grippe: „ohne Gefahr und Poesie“, aber mit Sprengkraft

Aufzeichnungen beschreiben stärkere Grippewellen auf dem europäischen Kontinent alle paar Jahrzehnte, die mehrheitlich aus Russland gekommen sein sollen. Bei genauerer Betrachtung lassen sich erhöhte Sterblichkeiten, die nicht nur ältere Menschen betrafen, immer den Therapien zuschreiben. Neben den Schwitztorturen kosteten vor allem exzessive Aderlässe bis zum Ausbluten Zigtausende Menschen das Leben, besonders auf der iberischen Halbinsel und in Frankreich.

In Verkennung der Fakten sind diese grippalen Infekte als Seuchenwellen in die Medizingeschichte eingegangen, obwohl es sich um Gesundheitsverbrechen von Ärzten handelte. So heißt es beim Medizinhistoriker Stefan Winkle zu einer Grippewelle von 1693: „In Paris verwandelte die Epidemie infolge der andersgearteten Behandlungsmethode abermals ihren Charakter, wurden doch die Kranken durch viele Aderlässe förmlich entblutet.“[89]

Epidemien, bei denen nicht vorrangig alte und kranke Menschen, sondern kräftige Männer mittleren Alters mit wichtigen Ämtern starben, sind grundsätzlich suspekt. Krankheitswellen konnten für die Vergiftung unliebsamer Personen genutzt wurden. Für grippeartige Erkrankungen ist das Sterben gerade dieser Personen binnen Stunden oder wenigen Tagen unglaubhaft. Das beliebteste Mordgift Arsenik konnte in seinen Symptomen dagegen durchaus mit einer akuten Erkältung verwechselt werden.[90]

Schon die ersten beiden Episoden der Schweißgrippe in England werfen Fragen auf. Handelte es sich doch um Ausbrüche in Heerlagern am Ende der sogenannten Rosenkriege und nach den Schilderungen um kein zivilgesellschaftliches Problem.[91] Der Tod zahlreicher führender Köpfe der alten Herrschaft in London (zwei Bürgermeister und sechs Ratsherren!) an dieser Grippe beim Machtwechsel mit Angelobung des neuen Königs Heinrich VII. (1457-1509) weckt Verdacht. Eine vermeintliche Krankheitswelle könnte als Vertuschung für eine politische „Säuberung" gedient haben. Vor allem, da die Ereignisse nur von einem Chronisten überliefert sind. Aus Schottland und Irland wurde kein Fall berichtet.

Die seit dem 17. Jahrhundert immer häufigere Erwähnung von Erkältungsepidemien in Europa darf nicht vorschnell einer erhöhten Inzidenz zugeschrieben werden. Das lässt sich alleine mit der Vervielfachung schriftlicher Quellen erklären. Bei einer Krankheitswelle ab Januar 1733 in Europa und Nordamerika werden erstmals die Bezeichnungen „Grippe" und „Influenza" aktenkundig. Gerade die Lebensweise der Oberschicht mit Bällen in durch üppige Kerzenbeleuchtung überheizten Sälen in der kalten Jahreszeit musste zahlreiche Erkältungen auslösen. Man sprach in Anspielung auf die luftige Bekleidung der Damen auch von der „Mousseline-Krankheit." Das prominenteste Todesopfer dieses Lifestyles war die preußische Königin Luise (1776-1810).[92]

Wenn Heinrich Heine die Grippe als „Cholera ohne Gefahr und Poesie“ bezeichnete, ist klar, dass Morbidität und Mortalität weiterhin gering blieben.[93] Längere Krankheitsdauern und vermehrte Todesfälle gab es nur, wo Krieg und Not herrschten oder schädliche Maßnahmen ergriffen wurden. Dies trifft auch für die angeblich Russische Grippe zwischen 1889 und 1893 und die als Spanische Grippe zum Jahrhundertmonster stilisierten Erkrankungsfälle zum Ende des Ersten Weltkriegs zu. Eine europaweite Grippe im Jahr 1950 wurde in England lediglich zu einem tödlichen Ereignis, weil man dort experimentell impfte.[94] In allen anderen Ländern blieben die Verläufe milde. Im Rückspiegel scheinen diese Ereignisse mit zunehmendem zeitlichen Abstand größer gemacht worden zu sein, als sie von Zeitgenossen empfunden wurden.

Die erste weltweite Seuchenerfindung

Die Spanische Grippe, die nach offizieller Lesart von 1918-23 angehalten hätte, war die bis Covid-19 umfassendste Inszenierung einer Grippe-Epidemie. Um die Katastrophe aufzubauschen, die lediglich den Gesundheitsnotstand am Ende eines verheerenden Weltkriegs widerspiegelte, wurden schon damals Kranke und Tote über mehrere Jahre einfach addiert. Die winterlichen Erkältungskrankheiten verschiedenster Ursachen wurden zu mehreren „Wellen“ eines einzigen Influenzavirus H1N1 erklärt, nur weil dieser 70 Jahre später in einigen wenigen Leichen nachgewiesen wurde.[95] Es gab damals für virale Infekte weder Labortests, noch Hinweise aus Gewebeproben oder Obduktionen.

Dabei können die steten Mutationen von Atemwegsviren weder die steigende Immunität der Bevölkerungen durchbrechen, noch gefährlichere Varianten hervorbringen. Nach biologischem Wissen kann es also gar keine „Folgewellen" mit einem unveränderten Krankheitserreger geben. Die damals vielfach angenommenen bakteriellen Infektionen wurden retrospektiv beiseite gewischt.

Die Spanische Grippe ist der Prototyp einer weltweiten Medizinlüge, an der weder der Name, der Verlauf, noch die kolportierten Erkrankungs- und Todeszahlen zutreffen. Die Verortung ist lediglich der Tatsache geschuldet, dass Spanien im Ersten Weltkrieg keiner der Kriegsparteien zuzurechnen war und in dortigen Zeitungen erste Berichte über grippeartige Erkrankungen bei Soldaten auftauchten. Im Schweigekartell der Medien aller Kriegsparteien fiel das Geschehen andernorts der Zensur zum Opfer.

Tatsächlich begann eine Häufung schwerer und tödlicher Krankheitsfälle in einem militärischen Heerlager in Kansas, wo Soldaten in Vorbereitung auf ihren Einsatz in Europa massenweise multiple „Impfungen" mit obskursten Cocktails erhielten.[96] Hunderte von Soldaten kollabierten und viele von ihnen verstarben binnen Stunden.

Wieso sollte die zunehmende Häufung von Krankheiten in den Schützengräben an der deutsch-französischen Front auf die Verlegung der amerikanischen Einheiten nach Europa zurückzuführen sein? Kranke amerikanische Soldaten wären nach der Überfahrt nicht an die Front geschickt worden und wieder genesene GIs hätten niemanden angesteckt. Schon gar nicht auf der deutschen Seite.

Eine Grippe konnte und musste sich unter den katastrophalen nasskalten Bedingungen der Schützengräben ausbreiten. Der Einschleppung eines neuen Erregers hätte es nicht bedurft. Wenn im Juli 1918 etwa eine halbe Million deutscher Soldaten erkrankt gewesen sein soll und um die 80.000 in Lazaretten behandelt wurden, ist dies nicht in erster Linie der Virulenz irgendeines Erregers anzulasten. Nachdem Atemwegsviren zu dieser Zeit noch unbekannt waren, gibt es ohnehin keinerlei Bestätigung für das Vorliegen eines bestimmten Erregers. 2.157 Todesfälle an Grippe in New York City alleine während der ersten Novemberwoche 1918 blieben dagegen unbeachtet…[97]

Der Nachweis eines H1N1-Virus in einigen wenigen Leichen aus dem Permafrost in Skandinavien und Sibirien Jahrzehnte später wurde einfach auf alle damaligen Krankheitsfälle übertragen und ein und dieselbe Grippe-Epidemie behauptet.[98] Niemand weiß, woran die Kranken tatsächlich litten und verstarben.[99] Die jährlichen Grippewellen sind seit Jahrzenten immer ein Mix: bei mindestens einem Drittel findet sich überhaupt kein potentieller Erreger, bei 10-15% lassen sich inzwischen Corona-Viren nachweisen, bei 20-30% Influenza-Viren und beim Rest RSV, Rhino-Viren etc.. Warum hätte dies zwischen 1918 und 1923 anders gewesen sein sollen?

Wenn für 1918 unter der Zivilbevölkerung Deutschlands an die 200.000 Grippetote vermeldet wurden, dann lag es vor allem an der Not. Im vorangegangenen „Steckrübenwinter" herrschte bereits Nahrungs- und Kohlemangel. Selbst im gehobenen Bürgertum fror und hungerte man. Im letzten Kriegsjahr wurden die Brotrationen gar auf 150 Gramm pro Person und Tag gekürzt. Der Universitätsprofessor und Nobelpreisträger Wilhelm Conrad Röntgen (1845-1923) verlor 30 kg an Gewicht.[100] Eine Anfälligkeit für Infektionskrankheiten aller Art war vorgezeichnet; eine ausländische Epidemie als Sündenbock hochwillkommen. Der Schweizer Arzt und Rohkostpionier Max Bircher-Benner (1867-1939) behandelte in seiner Klinik mehr als einhundert angeblich an der Spanischen Grippe Leidende mit gesundem Essen und frischer Luft. Keiner verstarb.[101]

Seither kommt die Grippe aus Asien

Es ist kurios, dass die Zeit von 1923 bis 1957 als pandemiefrei in die Geschichte eingegangen ist. Trotz langjähriger Weltwirtschaftskrise und der Katastrophe des Zweiten Weltkriegs. Die Bedingungen für eine epidemische Ausbreitung von Infektionskrankheiten waren in Europa immer gegeben. Nach 1945 dürfte die Gesundheitssituation der Bevölkerungen nicht besser als 1918 gewesen sein. Warum blieb eine größere Seuche nun aus?

Die „Asiatische Grippe“ von 1957/8 gilt als die erste virologisch definierte Grippe, obwohl bei nur wenigen Kranken eine Virussuche erfolgte. Damit beginnt die bis heute andauernde Kampagne, die „Virentypen als Akteure des epidemischen Geschehens in den Mittelpunkt stellt“.[102] Die Zahl der Todesfälle wurde retrospektiv in Deutschland auf ca. 50.000 geschätzt. Belastbare Daten gibt es hierfür nicht. Im Gegenteil, offiziell erfasst wurden nicht einmal mehrere Hunderttausend Grippekranke! Die in der Saison 1957/8 erhöhte Zahl an Krankenständen darf nicht dazu verleiten, auf eine Epidemie zu schließen. Das Winterhalbjahr war das erste nach Inkrafttreten des Lohnfortzahlungsgesetzes vom 1.7.1957, das Arbeitnehmern im Krankheitsfall das Einkommen garantierte.

Die als letzte „große Influenza-Pandemie des 20. Jahrhunderts“ in den Annalen der Grippegeschichte vermerkte Hongkong-Grippe von 1968 verlief zugegebenermaßen noch milder. Schließlich ähnelte das zugeordnete Influenzavirus A/H3N2 dem A/H2N2-Virus der Asiatischen Grippe von 1957. Obwohl es nirgendwo eine valide Datenerhebung gab, machen Schätzungen zwischen ein und vier

Millionen Opfern in zwei Jahren weltweit bis heute die Runde. In Deutschland verzeichnet die Statistik in den Jahren vor und nach der Hongkong-Grippe geringe Übersterblichkeiten. Gerade in der zugehörigen Wintersaison aber nicht. Obwohl auch bei dieser Epidemie der Ursprung in Hongkong fraglich ist, hielt sich der Name.

Die Geschichtsschreibung von Grippe-Epidemien enthält mehr Fake als Fakten. So hätte die Latenz bis zum Auftreten der Hongkong-Grippe in Europa trotz vergleichbarer Transportgeschwindigkeiten zu heute mehrere Monate betragen, während Covid-19 innerhalb weniger Wochen weltweit losgebrochen sein soll. Die Wintersaison mit der weitaus höchsten Anzahl an Grippefällen und –toten 2017/8 fehlt dagegen in der Geschichte, während völlig unauffällige Jahre als Seuchen (Vogelgrippe 2005; Schweinegrippe 2009) definiert werden. Wenn bereits 2013 medizinische Fachartikel von „interpandemischen Zeiten“[103] sprachen, werden Pandemien zur Normalität und der Alltag zum Ausnahmezustand erklärt.

Eine Pandemie unsinniger Tests

Das Virus der Pandemie-Inszenierung von 2020 beruhte auf einem Konstrukt aus dem Computer. Der Countdown lief seit vielen Jahren.[104] Nach der angepassten Definition einer Pandemie zehn Jahre zuvor, taugte jede noch so harmlose Infektionskrankheit in einer globalisierten Welt dafür. Die WHO, nationale Zulassungs- und Aufsichtsbehörden standen längst unter Kontrolle des medizinisch-industriellen Komplexes. Die Leitmedien waren synchronisiert und soziale Netzwerke mit bezahlten Influenzern durchsetzt.

Covid-19 war zwar von den bisherigen Erkältungskrankheiten nicht zu unterscheiden, aber die Choreographie einer weltweiten Panik mit manipulierten Zahlen Erkrankter und Verstorbener hatte den gewünschten Effekt. Unser Planet schien sich in ein Krankenlager zu verwandeln. Fakten, die zeigten, dass es sich nicht um eine tödliche Seuche eines „Killer-Virus“ handelte, wurden vertuscht und verdreht, die Minderheit unbefangener Ärzte und Wissenschaftler totgeschwiegen oder diffamiert. Überall schickte man „asymptomatische Kranke“ in Hausarrest. Über Monate waren mehr als die Hälfte der Weltbevölkerung in sozialer Isolation. Übersterblichkeiten gab es nur dort, wo Ärzte mit unnötig aggressiven Therapien und Überdosierungen zu Werke gingen.[105]

Die Chimäre eines Virus hatte diktatorische Befugnisse für Gesundheitsminister und Regierungschefs selbst in demokratischen Gemeinwesen ermöglicht. Ganze Bevölkerungen wurden für Milliardenbeträge mit ungeeigneten Tests untersucht, unwirksame Ladenhüter der Pharmaindustrie als vermeintliche Heilsbringer millionenfach infundiert, zigtausende Klinikbetten für herbeigeredete Virenopfer kostenpflichtig freigehalten und riesige Summen staatlicher Gelder in den Ausbau von Intensivstationen, Medikamenten- und Impfforschungen gepumpt.

Skrupellos wurden von Ärzten positiv getestete Menschen mit Infizierten gleichgesetzt. Das Stigma „testpositiv“ zählte mehr als tatsächliche Krankheit. Andere Diagnosen wurden zu Covid-19 umetikettiert.[106] Intensivstationen schienen mit „Covid-Kranken“ bevölkert, obwohl doch nur dieselben Krankheiten wie in früheren Jahren vertreten waren.[107] Ein Test machte es möglich. Covid-19 unter der Chiffre „mit und an“ zur scheinbar häufigsten Krankheits- und Todesursache dank ärztlicher Diagnosemanipulationen. Drei Viertel der „Covid-19“-Kranken in deutschen Kliniken hatten nicht einmal einen positiven PCR-Test![108] Auf einen Erregernachweis im Körper der Kranken hatte man von Anfang an verzichtet.

Seuchenartige Haut- und Geschlechtskrankheiten

Das Elend der Gezeichneten

Sichtbare Symptome werden von Menschen bis heute als beängstigender und ansteckender empfunden als unsichtbare Krankheiten. Diese Wahrnehmung wird verstärkt, wenn verstümmelnde Zerstörungen an Gesicht und Händen wie bei der Lepra auftreten. Genauso kann dies jedoch im Verlauf der Krätze (Scabies) oder Syphilis vorkommen. Die längste Zeit konnten diese Krankheiten gar nicht voneinander unterschieden werden. Eine Differenzierung zwischen Pocken, Windpocken, Masern und Scharlach blieb bis weit ins 18. Jahrhundert selbst unter Ärzten Ansichtssache.

Im Anfang war der Aussatz

Wann die Lepra in Europa erstmals diagnostiziert wurde, liegt im Dunkel. Im Mittelmeerraum scheint die Krankheit schon lange endemisch gewesen zu sein, als sie über verwahrloste Heimkehrer der Kreuzzüge aus Palästina ab dem späten 11. Jahrhundert erheblich zunahm. Einzelne Leprahäuser gab es bereits. Gut möglich, dass durch diese gesundheitlich angeschlagenen Trupps nach mehrmonatigen Reisestrapazen die Lepra nördlich der Alpen zum Problem wurde.

Mit der Lepra kommt es zu einem Paradigmenwechsel in der Behandlung von Kranken, die als ansteckend gelten. Leprakranke erlitten den sozialen Tod; das heißt sie mussten nach rituellen Beerdigungen die Gesellschaft verlassen und verloren ihr gesamtes Hab und Gut. Mit zunehmender Zahl wuchs der gesellschaftliche Druck die als „leprös" eingestuften Kranken von Lagern vor den Städten in festen Häusern verschwinden zu lassen. Im Dritten Laterankonzil von 1179 wurde bestimmt, Leprakranke in sogenannten Leprosorien mit Kirche und Friedhof von Geistlichen betreuen zu lassen. Was führte dazu, Betroffene nicht nur wie andere sichtbar Kranke zu meiden, sondern empathielos aller Menschenrechte zu berauben? Warum ist die Lepra überhaupt zu einer Seuche erklärt worden?

Medizinisch war die dauerhafte Isolierung Lepröser selbst mit den damaligen Kenntnissen und Erfahrungen nicht begründet. Ungeachtet äußerlich stigmatisierender Entstellungen konnte man mit diesem Leiden Jahrzehnte leben. Die Ansteckungsgefahr war gering und griff keineswegs in beängstigender Geschwindigkeit um sich. Epidemische Häufungen gab es nicht. Bestenfalls wäre eine zeitlich befristete Absonderung zu rechtfertigen gewesen. Eine Verstoßung aus der Gemeinschaft ohne Rückkehrrecht und eine Enteignung setzt gesellschaftliche Machtinteressen voraus.

Maßgeblicher Beweggrund waren Habgier und Neid. Mit dem neuen Stigma konnte man unliebsame Mitbürger und Konkurrenten ebenso aus dem Weg räumen, wie Erbschaften ohne Mord beschleunigen. Nicht nur Privatpersonen, sondern Kirche und Kommunen dürften dieses soziale Instrument immer wieder genutzt haben. Obwohl die Diagnose aus einem Konsil mehrerer Ärzte hervorging, erlaubten Atteste in die eine oder andere Richtung erhebliche Eigentumsübergänge. Die Lepra-Stigmatisierung gehört zu den dunkelsten Kapiteln der europäischen Zivilgesellschaften.

Lepra war die Blaupause für Covid-19: Krankheit als Stigma und soziales Ausschlusskriterium auf der Basis unvalidierter Tests und als Wissenschaft deklarierter Machtausübung. Erstmals erfolgte eine soziale Degradierung nicht durch ein Gerichtsurteil oder Waffengewalt, sondern unter dem Deckmantel des Gesundheitsschutzes mit einem ärztlichen Attest.

Der beweisende Krankheitserreger wurde erst 1873 identifiziert. Zynischerweise konnten sich „Diagnosen" bestätigen, da eine fälschlich attestierte Lepra bei Verbannung in die Quartiere der Aussätzigen zu einer Lepra führen musste. Die Diagnosesteller fühlten sich noch bestätigt! Gerade für wirklich ansteckende Krankheiten wie die Pocken verzichtete man dagegen vielerorts auf eigene Einrichtungen.

Er war wohl keine Notlösung, dass anfänglich Priester unter Zuziehung betroffener Kranker über das Vorhandensein einer Lepra befanden. Schließlich ging es bei Diagnosen immer wieder um den Transfer großer Vermögenswerte. Ab dem 14. Jahrhundert entschied man sich dafür, die Einstufung auf Ärzte zu delegieren. Das älteste deutsche Leprazeugnis stammt von 1357.[109] Die Beschau erfolgte meist durch drei Ärzte, um vor allem Bestechlichkeit zu erschweren. Ein Arzt inspizierte die aussatzverdächtige Person von Kopf bis Fuß, ein anderer begutachtete den ausgewaschenen Blutkuchen des Aderlasses und der dritte prüfte den Harn. Sah der Blutkuchen eine Stunde nach Übergießen mit rohem Öl wie gekocht aus und versank Bleiasche im Harn, galt die Diagnose als gesichert. Neben der Begutachtung von Hautläsionen erfolgten also noch zwei nicht-evidenzbasierte Tests, die das Testat zur Lotterie werden ließen. Der Missbrauch physikalischer oder chemischer Vorgänge als Gottesurteil oder Test ist nicht erst in unserer Zeit entstanden.

Die Pest stellt die Lepra in den Schatten

Mit der „Großen Pest" 1347-52 scheint sich der Schrecken der Lepra zumindest relativiert zu haben. Damit verbundene Übersterblichkeiten und Vertreibungen konnten Eigentumsbegehrlichkeiten jetzt ohne Lepra-Diagnosen befriedigen. Die Ermordung der Juden als Sündenböcke für die Pest und die Auslöschung ganzer Familien setzte genügend Besitz frei.

Mit dem Auftreten der Pest verschwinden Leprakranke. Das mag einerseits daran gelegen haben, dass sie in ihren prekären Verhältnissen schneller an einer Pest verstarben, allerdings werden Betroffene auch Fluchtmöglichkeiten im gesellschaftlichen Chaos genutzt haben. Leprahäuser wurden jedenfalls teilweise zu Pestspitälern, obwohl zum Beispiel in Bayern Lepröse anfänglich als Pestverbreiter verfolgt wurden. Pestepidemien wirkten überall als Zäsur.

Die Pest, deren Erreger Yersinia pestis der Schweizer Arzt und Biologe Alexandre Yersin (1863-1943) erst Ende 1894 bei Epidemien in China identifizierte, wirft in ihren drei heute voneinander differenzierten Erkrankungsformen Beulen-, Lungen- und hämorrhagische Pest viele Fragen auf. Es ist immer noch ungeklärt, wie und warum sich Menschen infizieren.

Die zu allen Zeiten weit häufigere Beulenpest gilt inzwischen als Tropenkrankheit, ist nicht ansteckend und eher selten tödlich! Aufspringende Beulen in den Achselhöhlen oder Leisten, begleitet von hohem Fieber, Benommenheit und Halluzinationen, sind die typischen Anzeichen. Nur für die Lungenpest gilt eine Übertragung von Mensch zu Mensch durch Aerosole als gesichert. Nur diese immer vergleichsweise seltene Form ist meist schnell tödlich, da es zu Nervenlähmungen und der Zerstörung des Lungengewebes kommt.

Die Infektion wird durch Insektenstiche vermittelt und findet bevorzugt im Spätsommer, zu Zeiten der größten Wärme, statt. Als mutmaßlicher Hauptüberträger der Krankheit wird seit 1898 meist der Rattenfloh genannt. Wieso sollte aber die Winterkälte die Erkrankungen zum Erliegen bringen, wenn Flöhe oder Läuse die Vektoren wären? Könnten es auch bestimmte Stechmücken sein? Die besonders in Skandinavien gefürchteten, im Sommer massenweise auftretenden Kriebelmücken haben ein entsprechend enges Temperaturfenster und sorgen für höchst unangenehme, langwierige Stichentzündungen. Zeitgenossen wiesen immer wieder auf die massenhafte Präsenz von fliegenden Insekten hin. Martin Luther äußerte sogar den konkreten Verdacht, dass „unser Pestilentz hie zu Wittemberg alleine aus geschmeysse herkomme."[110] Bis heute hält sich der Begriff „pest control" für Ungezieferbekämpfung in der englischen Sprache.

Ein für die Theorie der Übertragung durch Rattenflöhe notwendiges Massensterben von Ratten ist für epidemische Ereignisse in Europa nicht bezeugt. Nur in China wurden Ende des 19. Jahrhunderts solche sogenannten Epizootien beobachtet.[111] Gemäß der dortigen Ausbreitungsgeschwindigkeit müssten die Ratten in Europa außerdem sehr schnell gelaufen sein, um die zeitlichen Abläufe zu erklären.[112] Wenn Flöhe die Überträger wären, dann handelte es sich offenbar um Flöhe, die nicht bevorzugt Ratten besiedelten, sondern gleichermaßen Haustiere und Menschen. Die angebliche Gattungsspezifität von Flöhen ist ohnehin eine fragwürdige Theorie.

Bis heute ist ungeklärt, wieso sich nach einer überlebten Infektion mit Yersinia pestis keine Immunität einstellt. Bakterien verändern sich im Gegensatz zu manchen Viren nicht in kurzer Zeit. Das Immunsystem müsste daher bei einer Reinfektion eine erneute Krankheit verhindern. Dies weist auf Toxine wie bei der Cholera hin. Gegen Gifte wird man nicht immun.

Vielleicht hatten die epidemischen Krankheitsfälle auch etwas mit verseuchtem Wasser oder verdorbenen Lebensmitteln in der warmen Jahreszeit zu tun? Ein Teil der Kranken hatte neben Hautausschlägen Übelkeit, Erbrechen und Durchfall. Es gibt andere Yersinien, die entsprechende Symptome hervorrufen können. Oder kann Typhus manches Sterben erklären? „Die Frage nach der wahren Natur der großen mittelalterlichen Epidemien bleibt offen“ resümiert der amerikanische Historiker David Herlihy seine langjährigen Studien der europäischen Pestepidemien.[113]

War die Pest wirklich neu?

Die erst 500 Jahre später als Schwarzer Tod bezeichnete Pest soll aus Zentralasien stammen und sich entlang der Seidenstraße ausgebreitet haben. Als erste europäische Stadt sei Kaffa (heute: Feodossija) auf der Halbinsel Krim betroffen gewesen, da unter den Tataren, die 1346 die Stadt belagerten, die Seuche ausgebrochen sei. Diese hätten dann ihre Leichen auf Wurfmaschinen gebunden und in die Stadt hineinkatapultiert, um die Bewohner an der Pest erkranken zu lassen. Yersinia pestis wäre dann nach dem Ende der Belagerung auf Genueser Handelsschiffen in mehreren Mittelmeerhäfen angelandet.

Da sich mittlerweile unter Historikern herumgesprochen hat, dass Pesttote gar nicht infektiös sind, wird neuerdings die Genueser Seeblockade während der Belagerung als Ursache für die nachfolgende europaweite Pandemie genannt.[114] Erst der Getreidestau in den Kornspeichern der Stadt hätte durch eine Vermehrung und Virulenzsteigerung des Erregers in infizierten Flöhen die spätere Fracht zu einer biologischen Bombe werden lassen. Im Fell von Ratten, in den Pelzen der Seeleute und in Getreidefässern seien die Flöhe 1347 zuerst in Konstantinopel und anderen Hafenstädten des östlichen Mittelmeers von Bord gegangen, bevor es über Genua und Venedig in Norditalien, über Marseille und Barcelona in Südfrankreich 1348 dort zur ersten großen Pestwelle kam.

Die Erzählung der Leichenschleuder, die auf einen einzigen dubiosen „Chronisten" zurückgeht, ist gar zu schrill, um wahr zu sein. Warum hätte die Beulenpest 1347 erstmals Europa erreicht? Bereits in steinzeitlichen Skeletten fand sich Yersinia pestis überall in Europa, wenngleich nicht identisch mit dem Erreger der mittelalterlichen Beulenpest.[115] Asiatische Steppenvölker (Hunnen, Tataren, Magyaren) waren über das Schwarzmeergebiet vom 4.-10. Jahrhundert immer wieder in Europa eingedrungen. Den späteren Pesterreger hätten sie allerdings jeweils nicht im Gepäck gehabt. Die Seidenstraße bestand als Handelsweg ohnehin vor dem 14. Jahrhundert. Die Beziehungen in den Fernen Osten und über Russland nach Skandinavien reichen noch länger zurück. Das Ausbleiben der Beulenpest in Europa über sechs Jahrhunderte ist nicht plausibel.

Einem langen pestfreien Intervall vor 1347 widersprechen auch Augsburger Chroniken, in denen Einträge einer „Pest" bzw. „Pestilentz" schon für die Jahre 987, 1042, 1092, 1098, 1103, 1220 und 1313 verzeichnet sind.[116] Aus dem Galluskloster (heute: St. Gallen) gibt es lange vor dem angeblichen Schicksalsereignis einen Bericht datiert von 1022.[117] Dort sei die Pest ausgebrochen, nachdem das verseuchte Heer von Heinrich II. auf der Rückkehr seines dritten Italien-Feldzugs Station machte. Die Chronik der Stadt Chemnitz weist die erste Pestepidemie mit 843 Todesfällen für 1334 aus.[118] Es darf also in Frage gestellt werden, ob es sich ab 1347 um ein wirklich vorher den Menschen unbekanntes Krankheitsbild gehandelt hat.

Aber man brauchte einen Sündenbock, der mit den gefürchteten und „unzivilisierten“ Tataren glaubhaft erschien. Die im 14. Jahrhundert beginnende Klimaabkühlung mit Missernten wollte man als Seuchenursache genauso wenig wahrhaben, wie unhygienische Verhältnisse mit Fäkalien, Unrat, Schlachtabfällen auf den Straßen und Ungeziefer in den Häusern. Nicht umsonst erneuerten die Florentiner Behörden noch im Frühjahr 1348 die Bestimmungen für die Reinhaltung von Straßen und Häusern.

Die vorgeblich erste große Pestepidemie traf die Menschen 1348 in einer wirtschaftlichen und sozialen Krisensituation. Die Handelsbeziehungen nach Kleinasien und entlang der Seidenstraße dürften nicht nur durch die Beulenpest geschwächelt haben. Ursache und Wirkung scheinen vertauscht worden zu sein.

In mehreren Regionen Europas sind in den Jahrzehnten vor dem Auftreten und in den folgenden Jahrhunderten immer wieder Hungersnöte und hohe Nahrungsmittelpreise dokumentiert.[119] Der Adel setzte auf Raub und Plünderungen, um die niedrigeren Pachterträge auszugleichen.[120] Gerade in Gebieten, in denen viele Pesttote vermeldet werden, wie der Toskana, hatte im Jahr vor der Epidemie nur einer von fünf Bewohnern Brot![121] Auch in Frankreich wird die Pest in direktem Zusammenhang mit Hungersnöten gebracht.[122]

Ohne endlose Kriege und Plünderungszüge wären stärkere Bevölkerungsrückgänge in den Zeiten der Pestepidemien nicht erklärbar. So hoch ist die Sterblichkeit bei keiner Erkrankung! Dafür spricht die stärkere Entvölkerung während der zweiten größeren Pest, die in Mitteleuropa während des Dreißigjährigen Krieges stattfand.

Pestkranke wurden ab dem 15. Jahrhundert in den vormaligen Leprahäusern isoliert, denen inzwischen die Insassen abhandengekommen waren. Zwei Typen von Pesthäusern bildeten sich heraus. Kleine Gebäude meist innerhalb der Stadt, die zur Unterbringung der Pestkranken während der Epidemien ausgestattet beziehungsweise umgestaltet wurden, sowie Gebäudekomplexe mit Friedhof und Kapelle für eine größere Anzahl von Kranken außerhalb der Stadtmauern. Der Schrecken vor den Aussätzigen hatte sich schon vorher verflüchtigt, da solche jetzt oft Sondersiechenhäuser genannten Einrichtungen nicht mehr weitab lagen.

Ein spanisches Mitbringsel wird zum Schreckgespenst Europas

1492 gilt gemeinhin als Schicksalsjahr für Europa. Mit der Wiederentdeckung des amerikanischen Kontinents durch Cristóbal Colón (1451-1506) wurde nicht nur die Büchse des Kolonialismus geöffnet, sondern eine neue Geschlechtskrankheit importiert, die in Mittel- und Südamerika als „Guaynaras" „Nanauatl" und anderen Bezeichnungen endemisch war.

Nach dem Anlanden infizierter Besatzungsmitglieder in Galizien, Sevilla und Barcelona wurde der Erreger, das Treponema pallidum, auf der iberischen Halbinsel endemisch. Die beim Geschlechtsverkehr übertragene Infektionskrankheit scheint in dieser Ausprägung tatsächlich neu gewesen zu sein, obwohl paläopathologische Befunde inzwischen das Vorhandensein andere Treponemen in Europa und Afrika seit Jahrhunderten belegen.[123] Das Treponema pallidum konnte erst 1905 identifiziert werden.

Das Narrativ der anschließenden europaweiten Ausbreitung dieser Geschlechtskrankheit, die erst viel später „Syphilis“ genannt werden sollte, wirkt dann eher wie das Drehbuch einer Schmierenkomödie. Bei der Eroberung Neapels durch ein Heer des französischen Königs, Karl VIII. (1470-98), hätte sich der Söldnertross nach der Übergabe der Stadt beim horizontalen Gewerbe angesteckt. Die gastlichen Frauen wären vorher durch Soldaten von der iberischen Halbinsel infiziert worden, die man zur Verteidigung Neapels herbeigeordert hatte. Den Bordellen Neapels wäre für die siegreichen Franzosen die gleiche Sprinklerfunktion zugekommen wie im Jahr 2020 den Diskotheken Ischgls für Covid-19. Auf dem Rückmarsch durch ganz Italien mit längeren Aufenthalten in Rom und der Toskana hätte die Truppe aus aller Herren Länder dann die verheerende Seuche pandemisch binnen kürzester Zeit über ganz Europa verbreitet. Die Franzosen und ihr zügelloses Sexualleben...

Dies ist das Narrativ für Geschichtsbücher seit Generationen. Die stereotype Reproduktion ist Bodensatz des akademischen Wissens, obwohl die Erzählung weder plausibel die Vorgänge erklären kann, noch von den damaligen Ärzten und Betroffenen akzeptiert wurde. Zwischen der Rückkunft der infizierten spanischen Schiffsbesatzung aus der Karibik und der behaupteten Einschleppung des Krankheitserregers in Neapel lagen mehr als zwei Jahre, in denen die Syphilis in Sevilla, Barcelona und Galizien hätte stationär verharren müssen. Sevilla war allerdings das europäische Handelszentrum mit den beiden Amerikas und bekannt ausschweifendem Nachtleben. Die katalanische Metropole Barcelona hatte enge Verbindungen nach Südfrankreich und in den ganzen Mittelmeerraum.

Berichte spanischer Ärzte belegen die neue ansteckende Geschlechtskrankheit in Sevilla, Barcelona, Lissabon und Galizien, dort meist „bubos" genannt, ab 1493.[124] Der italienische Arzt Marcellus Cumanus, der 1495 nach Barcelona kam, erzählte mit Schrecken von abstoßenden Hauterscheinungen zahlreicher Menschen.[125] Da der erste Landkontakt eines Schiffes der Kolumbus-Rückkehrer in Galizien erfolgte, könnte die spätere Bezeichnung „gallische Krankheit" eine Verballhornung von „galizisch" sein, da im Baskenland und den Pyrenäen die „bubos" bekannt waren, bevor Karl VIII. sein Heer in Südfrankreich formierte. Mit Tausenden spanischer Söldner müssen bereits infizierte Männer der Truppe angehört haben, als die „Franzosen" italienischen Boden bei Genua betraten. Erste Erkrankungen in der dortigen Region sind verbürgt.

Die „spanische Krankheit" muss längst in Italien gewesen sein, da Neapel zum Königreich Aragón gehörte und enge Militär- und Handelskontakte zu den iberischen Königreichen bestanden. Auch in Sizilien gab es zu dieser Zeit Fallberichte, obwohl das französische Heer nie die Insel betreten hatte. Die Schuldzuweisung zu den „Franzosen" war ein willkommenes Ablenkungsmanöver. Vermutlich gerade für den seit 1492 auf dem Stuhl Petri sitzenden spanischen Papst Alexander VI. (1431-1503), dem berüchtigten Chef des Borgia-Clans. Im Vatikan wurden 1520 nicht weniger als 14.000 Lustmädchen aus seiner spanischen Heimat geführt.[126] Unwahrscheinlich, dass die Syphilis im Vatikan nicht schon vor der Ankunft des französischen Heeres zirkulierte. Niemand brauchte wohl dringender einen Sündenbock als das Oberhaupt der katholischen Kirche.

Nach den zeitgenössischen Berichten hatte das überwiegend siegreiche französische Heer keine stärkeren krankheitsbedingten Ausfälle als bei anderen Kriegszügen. Auf dem Rückweg sollen es die Söldner in Rom, Pisa und Siena genauso toll getrieben haben wie auf dem Hinweg. Von einer Todesschneise entlang der Heeresroute kann keine Rede sein.

Eine allmähliche europaweite Verbreitung der Syphilis durch gezeichnete Söldner ist jedenfalls nicht wahrscheinlicher, als durch das Netzwerk katholischer Geistlicher, die im Vatikan ein- und ausgingen, oder durch die Händler aus Sevilla und Barcelona.

Viele Söldner des französischen Heeres litten nach den überlieferten Beschreibungen und Diagnosen von Ärzten und Handwerkschirurgen an Krätze und Lepra.[127] Was dennoch schnell als Franzosenkrankheit die Runde machte, wurde von behandelnden Ärzten bis ins 19. Jahrhundert als Lues oder venerische Psora geführt.[128] In mehreren Berichten wird eine Krankheitsdauer bis zu einem Jahr angegeben. Trotz der massiv stigmatisierenden äußerlich sichtbaren Hauterscheinungen war die Sterblichkeit nach ärztlichen Zeitzeugen in Italien und Spanien gering. Dennoch hing ab 1495 ein Damoklesschwert über dem europäischen Sexualleben.

Für die kirchlichen Propagandisten der Pandemie lief es trotz aller Ungereimtheiten nach Plan. Sexuelle Enthaltsamkeit erschien jetzt überlebenswichtig. Die Bade- und Freudenhäuser wurden überall geschlossen. Die dadurch vernachlässigte Körperhygiene wirkte als Brandbeschleuniger für die ohnehin endemische Krätze. Die Ärzte gewannen an Bedeutung und Einkommen. Die Handwerkschirurgen (Barbiere und Bader) sowie die meist weiblichen Kräuterheilkundigen wurden aus dem Gesundheitsmarkt gedrängt. Die ärztliche Geburt begann trotz mangelnder Expertise die Hebammen zu ersetzen. Die höhere Kindersterblichkeit war erwünscht und konnte der neuen Seuche zugeschrieben werden. Eine Bevölkerungsreduktion war in Gang gesetzt.

Vermutete Geschlechtskranke wurden meist in den Pesthäusern behandelt, da diese nur sporadisch während Epidemien belegt waren. Die jetzt zu „Franzosenhäusern“ umgewidmeten Gebäude blieben in den Städten, da aufgrund der angenommenen sexuellen Übertragung Stadträte keinen Grund sahen, die Kranken zu verbannen. Auf den meist weitläufigen Spitalsarealen kauften sich zunehmend alleinstehende alte Menschen ein, um dort ihren Lebensabend zu verbringen. Leprakranke fanden kaum noch Erwähnung.

Ab dem 17. Jahrhundert etablierte sich im deutschsprachigen Bereich der Begriff Franzosenkrankheit oder Lues für alle mit Hauterscheinungen verbundenen Leiden, die man auf einen Geschlechtskontakt zurückzuführen glaubte. Der Tripper (Gonorrhoe) oder der sogenannte Weiche Schanker wurden davon nicht differenziert.

Die Bezeichnung Syphilis tauchte zunehmend erst im 18. Jahrhundert in medizinischen Abhandlungen auf, laut dem Grimm'schen Wörterbuch erstmals 1718 in England und 1777 in den deutschen Landen. Verwendet wurde der Name dann allerdings auch für andere sexuell übertragene Infektionen, da man die heute differenzierten Krankheitsbilder nicht trennen konnte. Geprägt hatte den Terminus zwar der italienische Arzt Girolamo Fracastoro (1483-1553) schon in einem Lehrgedicht Mitte des 16. Jahrhunderts. Das Gedicht wurde jedoch bald kaum mehr gelesen und sein Krankheitsname geriet für mehr als 150 Jahre ebenso in Vergessenheit wie seine Lehre infektiöser Krankheiten.

Bis zum Beginn des 19. Jahrhunderts änderte sich an Diagnose und Therapie wenig. Der französische Arzt Philippe Ricord (1800-1889) war einer der ersten, der in seiner Pariser Spezialklinik zwischen der Lues und dem Tripper zu differenzieren versuchte.[129] Für die Therapie hatte dies keinen Einfluss, da man wie schon im 16. Jahrhundert mehrheitlich auf das hochgiftige Quecksilber setzte. Viele Hautkranke wurden damit zu Invaliden oder zu Tode traktiert. Ärzte und Patienten ignorierten die Risiken des nerventoxischen Quecksilbers.

Quecksilber wurde in hohen Dosen wie die ebenfalls als Nervengift wirkenden Bleisalze bei bloßem Erkrankungsverdacht verordnet. Viele der Behandelten hatten gar keine Syphilis und litten dann für den Rest ihres Lebens an den giftigen Effekten der Therapie. Eines der prominentesten Opfer war der Schriftsteller Heinrich Heine (1797-1856), der jahrelang unter der falschen Vermutung einer Syphilis Bleisalze schluckte und seine letzten acht Jahre gelähmt in seiner „Matratzengruft" verbrachte.[130]

Unbehandelt wären wohl nur wenige Syphiliskranke an ihrer Infektion gestorben oder schwer geschädigt worden. Bei genauerer Betrachtung der Krankengeschichten aus dem 19. Jahrhundert lassen sich alle Symptome fast immer durch die Behandlung erklären. Die Syphilis war zu keinem Zeitpunkt das Krankheitsmonster, das propagandistisch von Kirche und Ärzten daraus gemacht wurde. Falsche und unnötige Ängste trieben so manchen in entsetzliche Patientenkarrieren und den Tod. Der Philosoph und Hypochonder Friedrich Nietzsche (1844-1900) hatte seinen angeblichen Wahnsinn der täglichen Einnahme von Chloralhydrat und anderen toxischen Medikamenten und nicht der vermuteten Syphilis zu verdanken. Er resümierte: „Die größte Krankheit der Menschen ist aus der Bekämpfung ihrer Krankheiten entstanden."

Eine Kinderkrankheit wird zur gefürchteten Seuche

Die Pocken waren schon lange vor ihrer Thematisierung in der medizinischen Literatur des Abendlandes durch Handelskontakte mit dem Fernen Osten und Indien endemisch. Auf der iberischen Halbinsel waren sie spätestens mit der arabischen Eroberung verbreitet. Die Pocken scheinen eine fast obligate Kinderkrankheit mit allerdings hoher Sterblichkeit von etwa 10% gewesen zu sein.[131] Als Epidemien wurden sie nicht wahrgenommen. Eine hohe Kindersterblichkeit gehörte jahrhundertelang zur europäischen Unkultur: „Man muss die Kinderlein mit unserem Herrgott teilen, denn bei ihm sind sie am besten aufgehoben."[132]

In den europäischen Herrscherhäusern wäre es angeblich zu regelrechten Epidemien gekommen, die die Thronfolge radikal veränderten. Die Häufung überraschender Todesfälle ist höchst auffällig. Bei genauerer Betrachtung der Krankengeschichten sind erhebliche Zweifel angebracht. Die Pocken scheinen einerseits als glaubwürdige Vertuschung für Giftmorde durch Arsenik, andererseits als Deckmantel für die oft tödlichen Behandlungen der Ärzte gedient zu haben.

Lieselotte von der Pfalz (1652-1722) ist als Schwägerin von Ludwig XIV. eine authentische wie langjährige Zeitzeugin des katastrophalen Wirkens der Leib- und Hofärzte. Weder konnten diese zwischen Pocken, Masern und Röteln unterscheiden, noch Vergiftungen erkennen. Die Bezeichnung „smallpox" findet sich erstmals um 1500.[133] Eine Differenzierung zu den Masern geht auf den englischen Arzt Thomas Sydenham (1624-89) zurück und hatte sich noch Jahrzehnte später nicht bei allen Ärzten herumgesprochen.

Die immer gleichen Rosskuren kosteten nach Lieselottes Beschreibungen zahlreichen Mitgliedern der Königsfamilie das Leben. „Ich bin persuadiert, daß die doktoren diese arme prinzess so gewiß umbs Leben gebracht haben“ schrieb sie beim Tod der Ehefrau des Thronfolgers an den Röteln. Als in derselben Woche der Thronfolger mit der gleichen Symptomatik und drei Wochen später deren gemeinsames Kind verstarben, klagte Lieselotte, dass „die doktoren wieder denselben Fehler begangen“ hätten. Wie häufig und wie gefährlich die Röteln oder die Pocken tatsächlich waren, lässt sich retrospektiv überhaupt nicht mehr beurteilen.

Ab der zweiten Hälfte des 17. Jahrhunderts werden den Pocken jährlich mehrere Hunderttausend Todesopfer zugeschrieben, ohne dass man nach einer Erklärung suchte. Obwohl Pocken über Aerosole hochansteckend sind, wurde dies von der Mehrheit der Ärzte in Abrede gestellt. Die Pocken wurden offenbar als unvermeidliche Gefahr toleriert. Bevor die Gattin des englischen Botschafters in Konstantinopel, Lady Wortley Montagu (1689-1762), ab den 1720er Jahren in London für eine Immunisierung warb, hatte sich niemand in Europa um eine Krankheitsprävention bemüht. Dabei war das Einimpfen von Sekret aus Pockenblasen (Inokulation) in Asien, Indien, dem vorderen Orient, bei den Arabern und eben in der Türkei seit alters her eine etablierte Vorgehensweise.

Die europäischen Ärzte ließen es an der peniblen Akkuratesse bei der Sekretübertragung mangeln und hielten an Aderlässen und Klistieren zur Behandlung fest. Demnach waren die Erfolge fraglich und Todesfälle nicht selten.[134] Durch Immunisierungsversuche starben mehr Menschen als durch die Pocken![135] Außerdem wurde unterschätzt, wie infektiös Impflinge waren. Ohne Quarantäne für die ersten beiden Wochen ging ein Drittel aller Pockenfälle auf

Inokulierte zurück.[136] Vor allem in Frankreich und Deutschland kam es dadurch zum Ende des 18. Jahrhunderts immer wieder zu Epidemien, die jetzt Jugendliche und jüngere Erwachsene betrafen.[137]

Todesfälle hätten ohne Inokulationen allein durch konsequente Isolation Infizierter um die Hälfte bis drei Viertel gesenkt werden können.[138] Erst der englische Arzt John Haygarth (1740-1827) zeigte einen positiven Nettoeffekt für Inokulationen, wenn strenge Auflagen zur Distanzierung Geimpfter eingehalten wurden.[139] Mit seiner Bestimmung einer Mindestdistanz von 18 Inches (circa 45 Zentimeter), die einzuhalten war, um eine Ansteckung zu verhindern, war er seiner Zeit weit voraus.

Ähnliches gilt für die Masern. Bis zum heutigen Tag werden geimpfte Personen nicht für den erforderlichen Zeitraum isoliert. Impfungen mit abgeschwächten Krankheitserregern sind daher für mindestens ein Drittel der Neuerkrankungen verantwortlich. Dies räumt inzwischen sogar der amerikanische Impfpapst Stanley Plotkin (geb. 1932) ein.[140]

Als dann nach 1800 überall Inokulationen durch die Jennersche Vakzination im Kindesalter abgelöst wurden, entwickelten sich die Pocken zu einer Krankheit mit schwereren Verläufen und späterem Auftreten.[141] Verschlimmert wurde alles noch, als man dazu überging, die Impflymphe von Waisenkindern zu gewinnen, die an vielen übertragbaren Krankheiten litten. Gleichzeitig blieb die Schutzwirkung häufig aus.[142] Die Zahl der Todesfälle durch Impfungen lag höher als die durch Pocken.[143] Auch diese ärztlich verursachten Pockentoten, die in vielen Darstellungen der Impfgeschichte fehlen, gehören zur Wahrheit über die Zahl der vorgeblichen Seuchenopfer im 18. und 19. Jahrhundert.

Trotz Zwangsimpfung mit drakonischen Strafen ab 1853 gab es in England eine große und mehrere kleinere Epidemien im 19. Jahrhundert.[144] Mindestens 30% der Erkrankten waren geimpft. Als die Stadt Leicester nach 1886 die Pflichtimpfung aussetzte und schon vorher Neuerkrankte registrierte und isolierte, hatte sie im ganzen Land die niedrigste Erkrankungs- und Sterberate.[145] Schon ab Ende des 18. Jahrhunderts war die Zahl der Erkrankungen rückläufig.[146] Zuerst verschwanden die Pocken bei den wohlhabenderen Familien, dann auf dem Land und zuletzt in den Städten. Noch länger erhöhte Fallzahlen in London waren nicht repräsentativ.

Der deutsch-französische Krieg 1870/71 wird gerne als Erfolgsgeschichte der Impfung präsentiert, da die nur zu kleinen Teilen geimpfte französische Armee ein Vielfaches an Pockenerkrankungen und achtmal so viele Pockentote ausweisen musste. Doch ist schwer zu erklären, wie es durch die ungeimpften französischen Kriegsgefangenen in der Folge in Deutschland zu einer Pockenepidemie mit etwa 180.000 Toten gekommen sein soll. Schließlich hätte die deutsche Bevölkerung bei fast durchgängiger Impfpflicht immunisiert sein müssen! Unerwähnt bleibt meist, dass es zeitgleich in Großbritannien trotz Impfzwang seit 1853 zur größten Pockenepidemie des 19. Jahrhunderts kam.[147] Auch in anderen europäischen Regionen wie den Niederlanden traten zeitgleich ohne Kontakt zu französischen Kriegsgefangenen epidemisch Pockenerkrankungen auf. Das Reichsimpfgesetz von 1874 trat erst in Kraft, als die Epidemie bereits abgeklungen war und hatte keinen Einfluss auf den Rückgang der Pockenerkrankungen.

Nach der indirekten Identifizierung der humanen Pockenviren im frühen 20. Jahrhundert ersetzte man Kuhpockensekret durch einen über Tierpassagen künstlich abgeschwächten Erreger mit Beistoffen.

In den 1920er Jahren wurde diese Impfung dann erneut modifiziert.[148] Die Abschwächung des Erregers erfolgte auf chemischem Weg. Wirksamkeit und Sicherheitsprofil verbesserten sich dadurch nicht. Im Gegenteil, selbst in Ländern mit Impfpflicht kam es immer wieder zu Erkrankungswellen. Und es trat eine bis dato unbekannte Impfkrankheit auf: Hirnhautentzündung.[149]

Die Pockenimpfung blieb bis zu der von der WHO 1980 ausgerufenen „Ausrottung" des Virus die Impfung mit der höchsten Rate schwerer und tödlicher Impfkrankheiten.[150] Zwei Drittel aller Impfkomplikationen entfielen auf die Pockenimpfung. Allein in der Bundesrepublik Deutschland sind bis 1979 mindestens 360 Todesfälle und 984 Dauerschäden dokumentiert.[151] Dem stehen in diesem Zeitraum lediglich sieben Todesfälle durch die Pocken gegenüber.[152] In Großbritannien war der Impfzwang bereits 1948 entfallen.

Seuchenartige Brechdurchfälle

Aus dem Wasser oder aus Asien?

Folgt man der offiziellen Seuchengeschichte, dann hätten Brechdurchfälle außerhalb von Kriegszeiten in europäischen Städten und Dörfern keine Rolle gespielt. Zuerst die Lepra, dann die Pest, die Pocken und schließlich die Syphilis. Erst das 19. Jahrhundert sei mit Typhus und Cholera die Ära der Durchfallerkrankungen in der Zivilgesellschaft gewesen. Die Cholera hätte es vorher gar nicht gegeben.

In Kriegszeiten bescheinigten Ärzte bei Durchfall meist die Ruhr. Abhängig von blutigen Abgängen sprach man von „weißer" oder

„roter" Ruhr. Die Diagnose „Typhus" scheint jahrhundertelang vergessen worden zu sein. Erst 1759 taucht sie wieder in einem französischen Pathologiebuch auf und wird seither für Fieberkrankheiten mit Benommenheit und Hautausschlägen verwendet.[153]

Das kann man so glauben. Muss man aber nicht. Schließlich waren Erbrechen und Durchfall aufgrund verdorbener Speisen und verunreinigten Wassers von Anfang an Risiko der Zivilisation. Wo Menschen zusammenlebten war durch die gemeinsame Ernährung das Auftreten gruppenhafter Brechdurchfälle unvermeidlich. In Städten ohne organisierte Entsorgung von Fäkalien, Abfällen und Giften müssen insbesondere in der wärmeren Jahreszeit Erbrechen und Durchfälle immer wieder gehäuft aufgetreten sein. Ob nun Cholera, Typhus oder Ruhr – niemand konnte und wollte dies ernsthaft unterscheiden. Cholera hatten die Armen, Typhus eher die Bürger und Ruhr vorrangig Soldaten.

Die Seuchengeschichte ignoriert dies, wenn sie einzelne Epidemien in bestimmten Städten heraushebt und so tut, als wären die jeweiligen Seuchen in der Zwischenzeit in Urlaub. Außerhalb der anerkannten Krankheitswellen finden sich Epidemien von Brechdurchfällen immer wieder in Ortsgeschichten. In Augsburg sind zum Beispiel in den Jahren 1379, 1548 und 1562 Seuchen mit Erbrechen verzeichnet, obwohl es für diese Jahre keine Einträge im großen Seuchenkalender gibt.

Typhus, Ruhr, Cholera, Noroviren, enterotoxin-produzierende Staphylokokken etc. haben zumindest im Sommer vielerorts für gehäufte Brechdurchfälle gesorgt. Seuchenpanik kam deswegen nicht auf. Das Ernährungsrisiko war Teil der akzeptierten Lebensunkultur, wie der Unrat auf den Straßen. Der Widerwillen der Sommerfrischler, im Herbst wieder in die Städte zurückzukehren, ist in zahlreichen Briefen aktenkundig. Es durften nur nicht zu viele erkranken und sterben, vor allem nicht aus der Mittel- und Oberschicht.

Sichtbarer Beleg für das sommerliche Gesundheitsrisiko sind die Landsitze der Adeligen und Patrizier. Die Oberschicht leistete sich Zweithäuser außerhalb der Stadtmauern nicht nur als Luxus, landwirtschaftliche Produktionsstätten und Hideaways, sondern auch als Gesundbrunnen und Krankheitsprävention. Bereits ab dem 15. Jahrhundert sind elitäre Rückzugsorte in Entfernung einer Tagesreise vom Hauptwohnsitz belegt. Noch bis in unsere Zeit ist eine Übersiedlung aufs Land im Sommer Teil der bürgerlichen Lebenskultur für die, die es sich leisten können. Sommerfrische in den Bergen und am Meer zeugen davon ebenso wie die Kolonien von Sommervillen am Rande der Großstädte und in deren Nachahmung die Kleingartenanlagen.

Mit dem Wachstum der Städte durch die Industrialisierung und Landflucht nach dem Ende der Napoleonischen Kriege kam es zu einer massiven Zunahme fiebriger Brechdurchfälle. Ohne Ausbau der Infrastruktur verschlechterten sich die Lebensbedingungen für viele Menschen. Eine wesentliche Rolle spielte dabei die Entsorgung der Fäkalien in umliegenden Feldern, von wo eine erhöhte Belastung für Trinkwasser, Gemüse und Obst erwuchs. Brechdurchfälle betrafen immer mehr Menschen und die Verläufe wurden schwerwiegender. Das Sterben griff um sich. Ab 1830 ließ sich das Gesundheitsproblem nicht mehr kleinreden.

Dafür brauchte man einen neuen Namen. Die „asiatische Hydra“, die Cholera, hielt jetzt ihren Einzug in Europa. Natürlich musste die

Krankheit neu sein und von außen kommen. Damit wurden die Hilflosigkeit der Ärzte und ihre schädlichen Therapien vernebelt. Und natürlich traf die Verantwortlichen in Stadt und Land keinerlei Schuld; denn die kolossale Verschmutzung und Armut der Bevölkerung wollte man als Ursache nicht gelten lassen. Der Feind kam aus dem Osten. Ganze dreizehnmal wäre die Cholera zwischen 1831 und 1873 in Berlin vorstellig geworden. Nicht vorher oder nachher!

Das Narrativ der Cholera lautet bis heute so: Es gibt auf diesem Planeten eine Brutstätte, in der die asiatische Cholera zu Hause ist und das ist Bengalen, das heutige Bangladesh. Im feuchten Mündungsgebiet des Fünf-Strom-Landes soll seit Jahrtausenden der klassische Serotyp O1 der Bakterienart Vibrio cholerae gedeihen. Der Tod am Brechdurchfall gehört dort am Ende des Monsuns zum Alltag. Von Zeit zu Zeit gelingt es einzelnen Exemplaren dieser Spezies das angestammte Terrain zu verlassen und im Gedärm von Reisenden in die Welt zu entkommen. Die Folge seien dann die in den Geschichtsbüchern vermerkten Seuchenzüge, die manchmal über den Seeweg oder über den Chaiber-Pass und Afghanistan Industriestaaten erreicht hätten.

Wie ist aber die Erzählung von einem hochansteckenden tödlichen Krankheitserreger damit vereinbar, dass die Cholera eigentlich nur in Ländern auftritt, in denen Trinkwasser- und Abwassersysteme nicht voneinander getrennt sind? Über Seewege und die Seidenstraße gab es vor 1817 über lange Zeit einen intensiven Handel, der schon früher zu Cholera-Epidemien hätte führen müssen. Brechdurchfälle gab es schließlich zu allen Zeiten und überall, wenn Trinkwasser und/oder Nahrung fäkal verunreinigt war. Selbst dann führt eine Infektion mit diesem Erreger nur selten zum Ausbruch der Krankheit.[154] Der sommerliche Brechdurchfall hieß außerhalb der

Epidemien in Hamburg „Cholera nostra", in München und Zürich „Typhus".

Waren dies wirklich unterschiedliche Krankheitserreger? Nach Mikroben wurde zu der Zeit noch nicht gefahndet. Und selbst als 1892 in Hamburg Choleravibrionen identifiziert wurden, konnte nicht zwischen den harmlosen einheimischen und angeblich eingeschleppten toxin-bildenden Serotypen differenziert werden. Die heutige Typisierung der Bakterienstämme gab es noch nicht. Nahezu alle großen Epidemien beruhten auf Mutmaßungen. Woran jedes einzelne Todesopfer gestorben war, bleibt unklar.

Choleravibrionen sind für Menschen harmlose Bewohner des feuchten Untergrundes und Wassers. Lediglich zwei der etwa 200 bekannten Bakterienstämme können eine Cholera auslösen, weil sie den Genabschnitt eines bestimmten Bakteriophagen enthalten und dadurch das Toxin produzieren. Genau genommen ist die Cholera keine Infektionskrankheit, sondern eine Vergiftung!

Die Toxinbildung ist überdies kein fixes genetisches Merkmal, sondern kann von Bakterium zu Bakterium unter bestimmten Bedingungen weitergegeben werden.[155] Besonders günstig ist dafür der obere Dünndarm des Menschen. Eine verheerende Krankheit mit Durchfällen und Kreislaufversagen tritt erst auf, wenn belastetes Wasser mehrfach konsumiert wurde. Choleravibrionen scheinen das Toxin erst nach mehreren Darmpassagen zu produzieren.[156] Hamburg, Paris und London wurden nur zu Cholera-Hotspots, da die Lebensumstände so waren, dass Robert Koch damals meinte, nicht mehr in Europa zu sein! Ein unheilvoller Bakterienstamm brauchte gar nicht anreisen.

Die Erzählung von der Cholera als Eindringling sollte Zorn und Aggression der Betroffenen ablenken. Nirgends, wo Beginn und Verlauf der Cholerawellen untersucht wurden, fand man Indizien oder Beweise für die Einschleppung eines Krankheitserregers. Weder ein Dr. Karl Friedrich Burdach in Ostpreußen 1831,[157] noch ein Dr. Karl von Pfeufer in Mittenwald 1836[158] konnten den Kontakt zum ominösen Reisenden bei den ersten Kranken finden. Und gerade die mobileren Mittel- und Oberschichten waren kaum oder gar nicht betroffen. Pfeufer notierte: „Von den ziemlich zahlreichen Beamten erkrankte keiner, weder ein Geistlicher, noch ein Mauthbeamter, eben so wenig ein Arzt." Die asiatische Cholera schien es gezielt auf die Armen mit ihrem hohen Branntweinkonsum abgesehen zu haben.

Entgegen der Schreckensvision einer „Wanderseuche" verbreitete sich die Epidemie nicht entlang aller Verkehrswege. Ortschaften und Regionen blieben ausgespart. „Die Krankheit beschrieb zuweilen einen vollkommenen Kreis um ein Dorf und ging, indem sie es unberührt ließ, weiter, als wolle sie den Bezirk ganz verlassen. Dann kam sie nach dem Verlauf von Wochen, ja sogar von Monaten plötzlich wieder, erschien kaum in denjenigen Theilen, welche sie bereits verheeret hatte, und entvölkerte fast den Ort, der sich eben erst gefreut hatte, ihr entgangen zu seyn. Zuweilen stand sie, nachdem sie an einer Seite des Ganges einen langen Weg beschrieben hatte, plötzlich still, als werde sie durch irgend eine unbekannte Macht aufgehalten, schritt über den Fluss, und verwüstete alles am entgegengesetzten Ufer."[159]

Nach ihrem „Einfall" in München schaffte es die Cholera nicht einmal mehr bis nach Augsburg oder Ingolstadt. Wie hätte am 17. August 1836 das in einem Gebirgstal gelegene Mittenwald als erster bayerischer Ort von einem „asiatischen Eindringling“ erreicht werden sollen, wenn kein Einreisender aus Tirol identifiziert werden konnte, der die Krankheit eingeschleppt hätte? Was hätte der gefräßigen Seuche schon in München ein Ende bereitet, wenn doch wirksame Präventionsmaßnahmen oder Therapien fehlten?

Ungeachtet dessen wurden vielerorts militärische Kordons in Stellung gebracht. Bayerische Behörden riegelten mit Truppen alle Verkehrswege und die grüne Grenze zu Preußen völlig ab, um die in Norddeutschland grassierte Erkrankung zu verhindern.[160] Briefe und Pakete aus Choleragebieten wurden zur Desinfektion durchlöchert und geräuchert. Nur mit einem Stempel versehene Postsendungen wurden weiterbefördert. Irrigerweise schrieb man das Ausbleiben von Erkrankungen den Absperrmaßnahmen zu. Dabei wäre die latente Gesundheitsgefahr der Vibrionen „scharf geschaltet“ worden, hätten Einwohner belastetes Wasser mehrfach konsumiert.

Die Verbreitung der Cholera über das Trinkwasser sowie notwendige Hygienemaßnahmen hat zu dieser Zeit der englische Anästhesiepionier John Snow (1813-58) akribisch erkundet.[161] Anlässlich einer Epidemie von Brechdurchfällen in London kartierte er die Krankheitsfälle und konnte diese einem einzigen Brunnen zuordnen. Damit entlarvte er erstmals das Missmanagement privater Trinkwasserversorger in Großstädten. Snows Erkenntnisse basierten auf unbefangenen Wahrnehmungen und statistischen Analysen des Alltagslebens.

Snow identifizierte bereits den Choleraerreger unter dem Mikroskop, ohne ihn zu benennen. Doch als er 1849 seine Daten und logischen Schlussfolgerungen publizierte, glaubten ihm nicht einmal seine Kollegen. Die weitere Entwicklung belegte den Nutzen seiner sozialhygienischen Maßnahmen. Cholera und Typhus verschwanden in Europa, bevor Impfexperimente erfolgten und Antibiotika eingeführt wurden.

Die epidemische Angst war weit größer als die tatsächliche Zahl der Krankheits- und Sterbefälle. Zwischen September 1831 und Februar 1832 wurden in der 250.000 Einwohner zählenden Metropole Berlin 2317 Cholera-Kranke und 1417 Todesopfer erfasst.[162] Weniger als 1% der Berliner Bevölkerung war betroffen; selbst in den hochverdichteten Stadtvierteln nur etwa jeder Zehnte. In Paris erkrankten bei der Cholera-Epidemie von 1832 nur weite Bevölkerungskreise, da die „kolossale Unsauberkeit nicht nur bei den ärmeren Klassen" zu finden war.[163] Trotz der kolportierten Sterblichkeitsrate von etwa 50% stellte die Cholera keine größere Gefährdung als andere Krankheiten dar. In Berlin wurde noch um 1900 eine ähnlich hohe Zahl der Todesfälle auf Blei zurückgeführt!

Unbemerkt von den Medien hat die WHO 1961 eine Cholera-Pandemie ausgerufen, die trotz nur punktueller Krankheitsherde bis zum heutigen Tag andauert. Es ist die längste vorgebliche Pandemie unserer Zeit! Aktuell hat es wieder einmal Haiti erwischt. Warum besteht anders als bei Covid-19 keine weltweite Panik? Wieso reist der Bakterienstamm O1 seit über 100 Jahren nicht mehr nach Europa? Warum lässt sich keine kontinuierliche Reiseroute der Seuche festlegen? Es gab immer wieder Städte und Dörfer, die verschont blieben, obwohl sie auf dem Weg lagen.

Fragen über Fragen und allerorten Fakten, die der in den Köpfen etablierten Theorie vom asiatischen Killer-Bakterium mit Pandemie-Eignung widersprechen. Auch bei der Cholera erleidet die allzu simple Erreger- und Ansteckungstheorie Schiffbruch, die Medizin und Pharmaindustrie seit 150 Jahren kultivieren. Das Seuchen-Narrativ vom mysteriösen Patienten 0, den asymptomatischen Überträgern und dem hilflosen Ausgeliefertsein Gesunder trifft nicht zu.

Der Typhus war kein Eindringling

Im Gegensatz zur Cholera gesteht man der Diagnose Typhus ein Vorkommen im antiken Europa zu. Eine Bauchsymptomatik mit dem Auftreten zentralnervöser Beschwerden war gemeint. Danach scheint der Name weitgehend verschwunden zu sein und die zugehörige Symptomenkonstellation galt als „Dysenterie", „Faulfieber" oder „Ungarische Krankheit". Wahrscheinlich handelte es sich bei einem Teil der „Pest" genannten Krankheiten um Typhus oder Flecktyphus.[164] Nach 1759 taucht dann neben der Ruhr der Typhus wieder im Französischen auf. Daher lautete die Diagnose beim Tod von Mozarts Mutter 1778 in Paris auf Typhus. Aufgrund des bis ins 19. Jahrhundert katastrophalen Umgangs mit Fäkalien muss Typhus – ob mit Salmonella typhi oder Salmonella enterica – in europäischen Städten durchgängig endemisch gewesen sein.

Daneben wird ein Teil der Krankheitserscheinungen auf Rickettsien beruht haben, da diese Bakterien in vielen Parasiten (Zecken, Flöhen, Milben, Läusen) vorkommen und wie der Typhus Fieber, Kopfschmerzen und Hautausschläge hervorrufen. Das von ihnen neben anderen Erkrankungen verursachte Fleckfieber wurde und wird ebenfalls als Typhus bezeichnet. Der englische Mediziner William Jenner (1815-98) ordnete erstmals dem „typhoid fever" die Symptome des Flecktyphus zu und publizierte 1850 seine Unterscheidung zum „Unterleibstyphus".[165] Rickettsien wurden lang verkannt und als „große Viren" bezeichnet, da sie in Zellen eindringen.

In vielen Städten – darunter München und Zürich – betrachtete man Typhus als unvermeidbares sommerliches Übel des urbanen Lebens. Typhus war ohnehin nicht so lebensgefährlich wie meist angenommen. Bei einer Epidemie 1884 erkrankten in Zürich weniger als 3% der Bevölkerung, von denen knapp 10% an dem, was man für Typhus hielt, starben.[166] Todesfälle betrafen vorwiegend vorerkrankte und arme Menschen, wenn sie nicht auf fehlgeleitete Behandlungen zurückzuführen waren. Da zu dieser Zeit Patienten mit Typhusverdacht in Deutschland und England mit hochdosiertem Opium, dem quecksilberhaltigen Kalomel und hochprozentigem Alkohol therapiert wurden, war die Behandlung oft gefährlicher als die Infektion. Der Schriftsteller Georg Büchner (1813-37) in Zürich und Prinz Albert von Sachsen-Coburg und Gotha (1819-61) in London wurden als „Typhus-Opfer" geführt, obwohl bei beiden alles für ein behandlungsbedingtes Sterben, wie bei den meisten Opfern der Oberschicht, spricht.[167]

Bei größeren Epidemien wurde in den Typhus-Hochburgen der Brechdurchfall plötzlich zum Eindringling. Anlässlich der 1. Deutschen Industrie-Ausstellung 1854 in München sprach man jetzt von einer Cholera-Epidemie. Sonst hatte immer der Typhus grassiert. Bis heute wird eine Einschleppung aus Italien über Mittenwald behauptet, obwohl keine Infektionskette rekonstruiert werden konnte.[168]

Cholera wurde immer dann diagnostiziert, wenn es viele Kranke und Tote gab. Dadurch gilt die nach dem Besuch des Messegeländes erkrankte und fehlbehandelte Königinmutter Therese (1792-1854) bis heute als eines der wenigen Choleraopfer aus der Oberschicht. Auch in Zürich, wo es durch die Nutzung von hygienisch bedenklichem Brauchwasser aus filtriertem Seewasser jährlich Typhusfälle gab, erklärte man ein epidemisches Auftreten 1867 zur Cholera.[169]

Seuchenartige Lähmungen

Süßes Gift

Epidemische Krankheitswellen mit Lähmungen sind bis zum Ende des 19. Jahrhunderts nicht aktenkundig. Damals erscheinen erstmals Berichte von in den Sommermonaten gruppenweise auftretenden schlaffen Lähmungen ganz überwiegend bei Kindern in Westeuropa und den Vereinigten Staaten. Betroffen waren jeweils kleine Kommunen: an der französischen Küste, in Nottinghamshire, im amerikanischen Bundesstaat Louisiana und in Schweden, wo 44 Fälle schon als Epidemie gewertet wurden.

Obwohl keine Ausbreitung der Lähmungen entlang der Verkehrsverbindungen auftrat, große Städte ausgespart blieben und ein Übertragungsweg nicht ermittelt werden konnte, vermutete der deutsche Arzt Adolf von Strümpell (1853-1925) 1884 eine Infektionskrankheit. Seit 1894 traten immer wieder kleine zeitlich und räumlich eng umschriebene Krankheitscluster mit bis zu 134 Fällen in den USA auf, die schnell wieder folgenlos verschwanden.[170] Als 1905 im Raum Stockholm 1.031 Fälle gemeldet wurden, erfolgte die Einstufung als epidemische Krankheit.

Im neu ausgerufenen Zeitalter der Mikrobiologie glaubte man, jede Krankheit auf Mikroorganismen zurückführen und durch Impfungen heilen zu können. Eine aufgrund des eng umgrenzten Auftretens der Fälle anzunehmende Vergiftung wurde gar nicht in Betracht gezogen. Fehlende Cluster von Lähmungen in Osteuropa, Asien oder Afrika irritierten die tonangebenden Ärzte der westlichen Industrieländer nicht.

Doch welche Infektionskrankheit sollte ausschließlich sporadisch, ganz umschrieben und vor allem da auftreten, wo die Bevölkerungsdichte gering ist? Und wieso wurden „Epidemien" ausgerufen, wenn über Jahrzehnte allenfalls wenige Tausend, meist nur einige Hundert Erkrankungsfälle pro Jahr registriert wurden?

Als 1908 die österreichischen Ärzte Karl Landsteiner (1868-1943) und Erwin Popper (1879-1955) behaupteten, Affen mit einem bakterienfreien Sekret infiziert zu haben, postulierten sie ein filtrierbares Virus, das selektiv Nervenzellen befallen würde. In den USA bestätigte der im Rockefeller-Konzern tätige Simon Flexner (1863-1946) umgehend die Ergebnisse. Lange bevor Viren erstmals elektronenmikroskopisch gesehen werden konnten, galt nach den Pocken zum zweiten Mal ein Krankheitsbild ohne seriöse Studienbasis als Viruserkrankung. Die Diagnose „Polio" wurde jetzt zementiert, obwohl das inkriminierte Poliovirus seit Jahrtausenden symptomlos in unserem Magen-Darm-Trakt lebt.

Danach wurden ausschließlich in Europa und den USA regionale Krankheitshäufungen in einem Turnus von etwa 5–6 Jahren nur in Sommern beobachtet. Zwei der frühesten Episoden – in Europa und Vermont – traten kurz nach der Einführung von Bleihydrogenarsenat als Insektizid im Jahr 1892 auf.[171] Dieses Insektizid wirkt auf die Vorderhornzellen des Nervensystems und bewirkt Lähmungen, wie sie der Polio zugeschrieben werden. Lähmungen häuften sich bei Kindern dort, wo die auf Arsen basierende Chemikalie eingesetzt wurde. Bis 1909 betrafen zwei Drittel der weltweit als Polio klassifizierten Krankheitsfälle die Vereinigten Staaten. In Deutschland gab es erste Fallberichte nicht vor den 1920er Jahren.

Ab 1916 konzentrierten sich die Poliofälle auf die Nordostküste der USA, vor allem auf Greater New York und Long Island. Dort sollen etwa 8.900 ganz überwiegend kleine Kinder mit schlaffen Lähmungen erkrankt und 2.400 gestorben sein.[172] Im New Yorker Umland wurde der Zucker einer hawaiianischen Plantage eingeführt, auf der seit 1915 ein arsenhaltiges Pestizid verwendet wurde. Die größten Raffinerien der Welt für Rohrzucker standen in Queens und Yonkers, wo es zusammen mit Brooklyn die meisten Krankheitsfälle gab. Wie sich herausstellte, konzentriert sich Arsen im Zucker. Dies wurde von einem amerikanischen Journalisten minutiös kartiert, wie seinerzeit die Cholerafälle in London durch John Snow.[173]

In Deutschland kam es 1932 zu 3.700 und 1934 in Dänemark zu 4.500 Fällen. Kanada meldete in den 1950er Jahren zwei Epidemien. Bis etwa 1950 erkrankten in Asien und Afrika in der Regel Angehörige weißer Minderheiten in abgesonderten Wohnvierteln. 1946 wurden bei Tientsin (China) unter US-Marines sogenannte Polio-Fälle berichtet. Dennoch galt die Krankheit als Problem mangelnder Hygiene!

Nach dem Zweiten Weltkrieg traten weltweit immer mehr Fälle kindlicher Lähmungen auf, und nach 1950 erkrankten in Afrika und Asien auch Einheimische. Die großen Metropolen waren lediglich randständig oder gelegentlich betroffen. Selbst Albert Sabin, der Erfinder des Lebendimpfstoffes gegen die Poliomyelitis bekannte 1947: "Nichts in der Geschichte der Polio ist so verwirrend als die Tatsache, dass sie in den vergangenen 50 oder 60 Jahren von einer sporadischen zu einer epidemischen Krankheit wurde."

Mit dem Einsatz von Pestiziden kam es in Russland erst 1949 zu ersten Fällen.[174] Die Inzidenz stieg durch die Intensivierung der

Landwirtschaft auf 10/100.000. Seit Kriegsende war eine weitere Chemikalie als Pestizid auf den Markt gebracht worden, die eine besondere Affinität zu den Vorderhornzellen des Nervensystems hat: Dichlordiphenyltrichlorethan (DDT). In den 1950er Jahren vernebelte man es sogar in Kindergärten und Schulen. Beim Vergleich der sommerlichen DDT-Sprühungen und der Polioquoten in denselben Gebieten stellte man eine unglaublich enge Korrelation fest.[175] Je mehr DDT gesprüht wurde, desto mehr Poliofälle wurden gemeldet. Die Kurven für das Auftreten von Krankheiten mit Lähmungserscheinungen sind mit der Anwendungshäufigkeit des Pestizids nahezu deckungsgleich und passend zur Krankheitslatenz zeitlich gering verschoben.

Das angeblich krankheitsverursachende Poliovirus konnte dagegen nur bei der Hälfte der an Kinderlähmung Verstorbenen nachgewiesen werden.[176] Und selbst im Krankheitsfall bestätigt der Nachweis eines Virus keineswegs eine Kausalität. Dennoch wurden bis zur Einführung einer Impfung gegen das Poliovirus undifferenziert alle Erkrankungen mit schlaffen Lähmungen als Polio klassifiziert. Wenn die Pestizide nur ein entscheidender Kofaktor für die Polio wären, könnte fast jedes andere Virus als potentieller Erreger in Frage kommen.

„Polio" ist ein rein beschreibender Begriff für die Entzündung der grauen Kerngebiete im Rückenmark und besagt nichts über die Ursache der Lähmung. Als in Deutschland 1954/5 erstmals der Salk-Impfstoff experimentell mit dem nerventoxischen Aluminiumhydroxid eingesetzt wurde, verfünffachte sich schlagartig die Zahl schlaffer Lähmungen im Kindesalter.[177] Selbst dann betrug die Inzidenz nur 5.000 in einem Jahr. Polio war immer ein seltenes Krankheitsbild ohne epidemischen Charakter, das zu einer Seuche aufgebaut wurde. Außer der Vertuschung der Schäden durch DDT ging es um Panikmache für eine lukrative Impfkampagne.

Mit der Einführung von Impfstoffen wurde schlagartig der Krankheitsbegriff eingeengt. Unabhängig von einer Schutzwirkung mussten allein dadurch die Fallzahlen drastisch zurückgehen. Tatsächlich kam es durch die Einführung des Totimpfstoffes nach Salk zu massiven Impfschäden („Cutter Incident"),[178] die erst einmal die Opferzahlen hochschnellen ließen. Die Polio verschwand von der Bildfläche wie die Diagnosen „akute schlaffe Lähmung" oder „Guillain-Barré-Syndrom" bei Kindern zunahm. Impfkampagnen beendeten keineswegs das Krankheitsgeschehen.

Polio gibt es im Gegensatz zu den Pocken weiterhin in Entwicklungsländern, wo – bei uns verbotene – Pestizide eingesetzt werden: Pakistan und Indien. In Pakistan produzierte über Jahrzehnte die größte DDT-Fabrik der Welt. Darüber hinaus räumt die WHO Fälle schlaffer Lähmungen bei Kindern dort ein, wo Impfkampagnen erfolgen. Vor wenigen Jahren erlitten etwa 500.000 Kinder Lähmungen.[179] Ursache sei das verwendete Impf-Virus, das 2018 für etwa 70% der weltweiten Polio-Fälle verantwortlich gemacht wurde.[180] Obwohl seit mindestens einer Generation kein Fall in Europa mehr als Polio eingestuft wurde, besteht in zehn europäischen Ländern weiterhin ein Impfzwang.

Polio ist das Musterbeispiel einer Surrogatseuche zur Vertuschung toxischer Effekte von Industriegiften. Jede Lähmung durch Nervengifte kann zur Polio erklärt werden. Als jahrzehntelang aufgebautes Krankheitsmonster stellt sie sicher, dass tatsächliche Lähmungsursachen nicht ermittelt werden. Die Polio wird im Gegensatz zu den Pocken bleiben. Die Polio wird gebraucht.

Teil 3: Hintergründe

Seuchen sind immer die Seuchen der Anderen

„Die Hölle, das sind die Anderen“ stellte der französische Philosoph Jean-Paul Sartre (1905-80) trocken fest.[181] Nie wollte eine Bevölkerung selbst an ihren Leiden schuld sein. Wie alles Schlechte, sind Krankheiten ungebetene Gäste. Bis heute greift man zu militärischen Mitteln, um die Eindringlinge zu bekämpfen. Für Covid-19 wurden vielerorts Generäle gegen SARS-CoV-2 in Stellung gebracht. Der vielbeschworene Indexpatient, der als allererster die Krankheit eingeschleppt hätte (sogenannter Patient 0), blieb meist eine Fata Morgana. Nur wenn die Bedingungen stimmen, können Bakterien oder Viren Krankheiten auslösen oder gar eine Epidemie lostreten.

Gibt es keine gesellschaftliche Gruppe, die man zum Sündenbock erklären kann, dann muss das Unglück anreisen. Epidemien sind daher bevorzugt Wanderseuchen. Der Klassiker ist die Cholera, die als „asiatische Hydra“ seit 1817 immer wieder aus Bengalen und dem Fünf-Strom-Land die Welt bereisen soll. Anlässlich der Asiatischen Grippe von 1957 verkündete eine medizinische Fachzeitschrift: „Die Erreger wurden durch Flugzeuge nach Nordamerika verschleppt, auf dem Schiffswege gelangten sie nach Holland.“[182]

Der Angriff erfolgt meist aus dem Osten. Die Lepra aus Ostafrika oder Indien, die Pest von den Mongolen, die Cholera aus Bengalen und Covid-19 aus Wuhan. Bevorzugt von Bevölkerungen, die als unzivilisiert gelten oder von Tieren, die mit Vorurteilen belastet sind. Von der „Gelben Gefahr“, über die „Asiatische Grippe“ zu den Fledermäusen. Schuld sind jedenfalls immer die Anderen.

Seuchenerzählungen spielen mit kollektiven Ängsten. Selbst der philosophische Spötter Voltaire (1694-1778) hat das Topos befeuert, dass Seuchen immer von anderswo stammten: „Zwei Seuchen verhindern die Vermehrung des Menschengeschlechts, die eine ein Geschenk Mohammeds (die Pocken), die andere eine Spende Cristóbal Colóns (die Syphilis).“[183]

Es begann bereits mit der angeblich ersten großen Pest ab 1347 in Europa. Eine Einschleppung des zugehörigen Erregers Yersinia pestis aus dem Land der „Goldenen Horde“ um das Schwarze Meer sei diese gewesen. Als Beweis für die Herkunft gelten drei Grabsteine aus den Jahren 1338/9 unweit des Sees Yssykköl, auf denen als Todesursache eine nicht näher bezeichnete Seuche genannt ist. PCR-Tests hätten vor wenigen Jahren an den ab 1885 ausgegrabenen Skeletten dasselbe Yersinia pestis wie am Skelett eines Londoner Pesttoten von 1349 identifiziert.

In Nordspanien spekulierte man am Ende des 16. Jahrhunderts, Flamen hätten die Krankheit per Schiff mitgebracht. In Toulouse 1630 sprach man von der „Mailänder Pest“ und in Lothringen 1627 von der „Ungarischen Pest“.[184] Noch heute schildert man die Krankheitsausbreitung als militärische Invasion: „In einer ersten Phase griff die Pest von einem verseuchten Hafen auf einen noch nicht infizierten über. Dann hielt sie für eine Weile inne. (...) Darauf überfiel sie in einer zweiten Phase das Hinterland und zog gleichzeitig auf dem Seeweg zum nächsten erreichbaren Hafen. Dieser diente dann wiederum als Basis für Vorstöße ins Landesinnere und weitere Übergriffe auf dem Seeweg.“[185]

Eine angebliche Influenzaepidemie im Herbst 1781 erreichte im Dezember als „Chinesische Krankheit“ Sibirien und Russland. In den übrigen europäischen Ländern zirkulierten dann grippale Infekte als „Russischer Pips“ oder „Russischer Catarrh“. Ob es sich dabei tatsächlich um ein und dasselbe Virus gehandelt hat, wird unklar bleiben. Zeitlich gestaffelte Grippewellen von Ost nach West mit einer Abfolge, die der Geschwindigkeit der damaligen Postkutschen entsprach, legen dies zwar nahe, gleichzeitig spricht man aber auch von „launenhaften Rösselsprüngen“ der Grippe in ihrem Auftreten und aufgrund zahlreicher Erkältungen ohne jeden Personenkontakt mit Reisenden.

Ein Jahrhundert später war es wieder eine „Russische Grippe“, die Europa von 1889-93 in mehreren Wellen unter Beschuss genommen hätte. Ein bewährtes Feindbild, das besonders von den englischen Eliten forciert wurde, um Animositäten des aufstrebenden Deutschen Reiches gegen Russland im Vorfeld des Ersten Weltkriegs anzustacheln.[186] Im Interesse einer englischen Hegemonie galt ein Konflikt auf dem Kontinent schon damals als beste Option, um die Konkurrenz zu schwächen.

Nach dem Zweiten Weltkrieg wurde es um nichts besser. Zuerst kam 1957 die Asiatische Grippe, zehn Jahre später die Hongkong-Grippe zu uns. 2019 war eine Freisetzung von SARS-CoV-2 aus einem Biolabor in Wuhan genauso spekulativ, wie seine Herkunft von einer Fledermaus.[187] Gemäß eingefrorener Blut- und Wasserproben im Mittelmeerraum scheint SARS-CoV-2 schon vor seinem offiziellen Erstnachweis in Europa zirkuliert zu haben. Mutanten dieses Virus sollten später aus Südafrika und Brasilien ihre Welttour angetreten haben.

Die Syphilis oder was man dafür hielt, generierte wohl die meisten Synonyme. Bereits Anfang des 16. Jahrhunderts waren mehr als 400

Namen in Umlauf![188] Sie wurde vorzugsweise nach dem bestgehassten Nachbarland bezeichnet. In Portugal sprach man von der Kastilischen Krankheit, in Russland von der Polnischen und in Polen von der Russischen Seuche. In Italien und Deutschland hieß die Syphilis die Franzosenkrankheit, in Frankreich wurde sie dagegen auf gastliche Frauen in Neapel zurückgeführt und Morbus neapolitanus genannt.

Die Japaner fassten das Geschehen zusammen und sprachen von der „Krankheit der Fremden". Die zutreffende Verortung der Diagnose als Serampión des las Indias (westindische Masern) war nur in Sevilla, dem Einfallstor für heimkehrende Seeleute aus der Neuen Welt, präsent.

Die nationalen Adjektive von Krankheiten waren immer Ausdruck feindseliger Propaganda. Mit dem Ursprung einer Seuche hatten sie selten etwas zu tun. Die Spanische Grippe und der Englische Schweiß wurden zwar erstmals in diesen Ländern erwähnt, aber von dort stammte kein neuer Erreger. Beide Länder wurden immer als andersartig in Europa wahrgenommen. Befremdliches ist bis heute synonym mit „Spanisch" und die Britischen Inseln waren weder im Selbstverständnis, noch in der kontinentalen Einschätzung ein Teil Europas.

Und wenn man nicht mit nationalen Vorurteilen jonglieren konnte, dann mussten auf jeden Fall unsympathische Tiere im Erregernamen auftauchen, wie 2005 bei der Vogelgrippe oder 2009 bei der Schweinegrippe. Tiere gelten überhaupt bis heute als maßgeblicher Ursprung von Infektionskrankheiten. Für die Pest wurden Ratten, Katzen und Hunde verantwortlich gemacht und massenweise umgebracht. Viren sollen vorwiegend von Fledermäusen stammen.

Kuschelige Schmusetiere standen dagegen nicht unter Verdacht. Selbst im Rahmen der Covid-Hysterie wurden sie schnell aus der Schusslinie gebracht. Die Nutztierbestände werden wegen angeblicher Seuchengefahr dagegen herzlos gekeult.

Schuld sind immer die Anderen

Unglück hatte in christlichen Gesellschaften immer Schuldgefühle zur Folge. Krankheiten galten als göttliche Strafen, die nicht von ungefähr kamen. Schuldgefühle müssen allen Menschen zugesetzt haben. Kranke gegenüber den Gesunden; Gesunde gegenüber Kranken; Angehörige, die Erkrankungen ihrer Nächsten vertuschten; Ärzte und Pflegende, die nicht helfen konnten; Geistliche, die ihre Gemeinden im Stich ließen. Nicht wenige dürften diese inneren Konflikte nicht ausgehalten haben. Einfacher war es, einzelnen Personen, sozialen Gruppen oder eben „den Anderen" die Schuld für die Vorgänge zu geben. Die Suche nach einem Sündenbock verschaffte Absolution.

Bei der Schuldzuweisung schreckte man von Anfang an vor nichts zurück. Entweder klagte man einzelne an, die fahrlässig die Krankheit verbreiten würden oder ganze Bevölkerungsgruppen, deren Wohlstand oder Wohlergehen schon vorher Neid und Missgunst erregt hatten. Als homogene Gruppe oft in Ghettos zusammengepfercht waren dies vor allem die jüdischen Gemeinden, die noch dazu den „falschen" Glauben hatten. Judenpogrome gab es in europäischen Städten ständig, allerdings wirkte das Auftreten epidemischer Fieberkrankheiten als Brandbeschleuniger. Vertreibung und Tötung von Juden wurde durch jedes Gerücht von einer Seuche bis in das 16. Jahrhundert angefacht. Vor oder während der Pest 1347-

52 wurde etwa die Hälfte der 363 jüdischen Gemeinden ausgelöscht.

Mit dem Buchdruck nutzte man Flugschriften, um im Falle des Englischen Schweißes Protestanten als Verursacher zu brandmarken. Und in Zeiten der Printmedien dienten auflagenstarke Zeitungen dazu, Stimmung gegen das Anlanden von Seuchen zu machen. So veröffentlichte das Magazin „Stern" zu Beginn der Asiatischen Grippe 1957 das Foto eines dänischen Krankensaals von 1954 als vermeintlich aktuelles Bild aus den Niederlanden, um eine dort über Schiffe eingeschleppte Epidemie heraufzubeschwören.[189]

Mit der Pandemie-Inszenierung von 2020 weitete sich das Schuldstigma auf alle Menschen aus, die trotz Gesundheit als „asymptomatische Überträger" eingestuft wurden. Ohne die Absolution eines negativen Testergebnisses mutierten alle zu Gefährdern für andere Menschen. Mit kostenintensiven und aufwändigen Maßnahmen einschließlich eines Personen-Tracings spürte man potentiell infektiöse Menschen unter Aufkündigung von Verfassungsrechten auf und setzte sie in Hausarrest fest. Selbst elektronische Fußfesseln für testpositive Personen wurden ins Spiel gebracht.[190]

Die vermeintlich neue Atemwegserkrankung wurde zum Menetekel. Zu viele Menschen hätten leichtsinnig gelebt. Schuldgefühle waren von Beginn an der wichtigste Mechanismus, um Macht auszuüben. Schuld schafft Unterwürfigkeit. Man braucht dann auch nicht nach den wahren Schuldigen im Hintergrund suchen. Wer Umwelt- oder Lebensbedingungen als Krankheitsursachen benennt, würde eine Schuld der Herrschenden in den Raum stellen, da sie die Lebensverhältnisse maßgeblich beeinflussen.

Seuchen als Katalysator

Seuchen reduzierten nicht nur die Bevölkerung, sie zersetzten auch die Gesellschaft. Gesunde und Kranke wurden entzweit, und zwischen den Gesunden wuchs das Misstrauen. War der andere überhaupt noch einer von uns oder ein ahnungsloser „asymptomatischer Kranker"? Oder gar einer, der seine Erkrankung verbarg? Selbst vertraute Mitmenschen traf die Ausgrenzung. Der Argwohn nahm vor allem gegenüber den überlebenden ärmeren Bewohnern zu. Mitglieder sozialer Randgruppen wurden zu Feinden. Aber nicht nur die. Die Kluft zwischen den Ortsständigen und den Fremden oder Reisenden wuchs.

Der soziale Zusammenhalt wurde brüchiger. Das Gewebe der Gesellschaft teilte sich in mehrere Stränge. Hilfsbereitschaft und Mitleid wichen Ansteckungsangst und Abwehrhaltung. Der Argwohn endete nicht einmal mit dem Tod. Fürchtete man doch grundsätzlich eine unerwünschte Wiederkehr der Verstorbenen. Jetzt auch deren fortdauernde Infektiosität.

Anders ist es nicht zu erklären, dass man die Erfindung von in eine belagerte Stadt katapultierten Seuchenopfern kritiklos glaubte und bis heute weitererzählt. Dies ist umso verstörender, da nicht nur die Mechanismen der Übertragung ungeklärt waren, sondern im täglichen Leben Kontaktpersonen selbst bei den gefürchteten Seuchen keineswegs zwingend krank wurden.

Die Ansteckungspanik

Das Konzept der Ansteckung gehörte zur Menschheitserfahrung, obwohl eine Ansteckungstheorie erstmals zur Mitte des 16. Jahrhunderts formuliert wurde. Ärzte glaubten noch lange an Pesthauch und Miasmen. Durch Alltagserfahrungen wie Milben als Verursacher der Krätze war die Übertragbarkeit von Krankheiten jedermann im Gegensatz zu den verbildeten Ärzten präsent. Die Abscheu vor Ungeziefer musste nur auf Menschen umgelenkt werden. Aus dem kollektiven Bewusstsein ließ sich eine fatale Ansteckungspanik entfachen. Die Angst vor Ansteckung war auch Kalkül.

Zum Instrumentarium der katholischen Kirche gehörte die Ansteckungsgefahr anfänglich nicht. Epidemische Krankheitshäufungen wurden als biblische Plagen benötigt, um angsteinflößende Strafgerichte des Allmächtigen glaubhaft zu machen. Die von ihr ab dem 13. Jahrhundert eingesetzte Ärzteschaft durfte dieses Dogma so wenig verlassen, wie die Säftelehre anzweifeln. Mit pseudoantikem und arabischem Humbug, der den angehenden Medizinern als Lernstoff vorgesetzt wurde, galten widrige Windströmungen, eine Luftverpestung und fatale Planetenkonstellationen als Ursache von Epidemien.

Man war sich aber bewusst, dass sich Ansteckungsrisiken für soziale Kontrollmaßnahmen eigneten. Seuchen waren schließlich die Krankheiten der Armen, die reglementiert werden mussten. Unabhängig davon, wie ansteckend eine Infektion tatsächlich war. Hierfür wurden schon im 14. Jahrhundert die Voraussetzungen geschaffen: der Glaube an Hexen und Teufel, die Bedrohung durch asymptomatische Überträger, die Verbreitung über größere Distanzen und Gegenstände. Damit konnte man auch nicht-übertragbare oder wenig ansteckende Infektionen in sozialen Sprengstoff verwandeln. Ansteckungspanik machte den Nächsten zum Gefährder oder gar zu einer monsterhaften Bedrohung.

Und dies war notwendig, da kaum eine der bekannten Seuchen besonders infektiös ist. Lepra und Syphilis können nur bei längerem und engem Körperkontakt verbreitet werden. Beulenpest, Milzbrand, Cholera oder Polio sind gar nicht von Mensch zu Mensch übertragbar. Grippeviren waren zu keiner Zeit für Masseninfektionen verantwortlich: immer erkrankten mehr Menschen durch Verkühlungen als durch Ansteckung. Nicht einmal mit der Cholera lässt sich ein gesunder Mensch einfach infizieren![191] Lediglich vor Pocken, Masern, Scharlach, Röteln oder Krätze war die Angst begründet und Distanz angesagt. Bis auf die Krätze handelt es sich allerdings um Kinderkrankheiten, die für Erwachsene nur gefährlich werden konnten, wenn sie diese nicht schon durchgemacht hatten.

Seuchen spalten die Gesellschaft

Das Verhältnis von Ober- und Mittelschicht zu denen, die nicht mehr hatten, als sie am Leib trugen, wurde angespannter. Von beiden Seiten. Schließlich hatten weder die Geistlichen, noch Adel oder Patrizier die Seuchenkatastrophen verhindern können. Ihr Schutzversprechen hatte sich als hohl erwiesen. Obwohl die Herrschenden wesentlich weniger Familienmitglieder verloren, war doch ihr Nimbus angekratzt. So eine Ausnahmestellung schienen sie vor dem Herrgott nicht zu haben. Die Heiligen der Kirche, Obrigkeit und Ärzteschaft hatten viel von ihren Kompetenzanspruch eingebüßt. Während der Epidemien war es ihnen sichtlich nicht gelungen, die Geschehnisse unter Kontrolle zu bringen.

Die Menschen mussten sogar auf die von der Kirche etablierten Beerdigungsrituale verzichten, die als unabdingbar für das Seelenheil erklärt worden waren. In der Stunde der Not war kaum mehr ein Kuttenträger für die letzte Ölung zu finden. Die meisten hatten die Flucht ergriffen, die Minderheit war gestorben wie jeder andere. Das Zutrauen zur neuen Religion dürfte erheblich gelitten haben. Das Sterben verlor seine Würde und für die Reichen den Glanz einer prunkvollen Beisetzung in Nähe von Altar oder heilsamer Reliquien.

War das ganze Elend überhaupt nur durch eine Vergiftung entstanden? Während der meisten Seuchen kam in der Unterschicht der Verdacht auf, alles beruhe nur auf einer gezielten Vergiftung durch die Herrschenden. Verachtung bekamen die Ärmeren täglich zu spüren. Anschläge auf ihr Leben waren daher plausibel. Die Beseitigung unnützer Esser würde den Eliten wohl kaum Gewissensbisse bescheren. Der Hass der Bevölkerung auf „die da oben" nahm zu. Glaubten deswegen die französischen Bürger die Krankenhäuser schließen zu können, als sie 1789 die kirchlich-feudale Herrschaft entmachtet hatten?

Auf der anderen Seite wuchs bei den Besitzenden die Abscheu für die Mehrheit der Habenichtse. Sie sahen sich in ihrer Unversehrtheit durch den Schlendrian des zügellos lebenden „armen gemeinen Haufens" bedroht. Bis heute gilt der Schlachtruf „Zügel anziehen" als taugliches Instrument gegen Seuchen.

Vielerorts wuchs die Überzeugung, nur durch eine Sanierung der städtischen Slums erfolgreich voran zu kommen. Hatte nicht 1666 das große Feuer die Pest in London für immer beendet? Das 19. Jahrhundert war vielerorts durch Stadtbrände gekennzeichnet: nur Fahrlässigkeiten oder doch thermische Sanierungen?

Seuchen sorgen für Umverteilungen

Seuchen werden uns seit „Corona“ nicht nur als Schrecken, sondern als Chance für die Überlebenden verkauft. Das galt schon im Mittelalter. Aber erhöhen sich wirklich die Chancen für jeden Überlebenden, wenn die Bevölkerung schrumpft? Wessen Perspektiven verbesserten sich durch Pest, Typhus, Pocken oder Cholera?

Nach dem Verebben der Krankheitswelle waren Arbeitskräfte gefragter denn je. Ob als Bauer, Landarbeiter oder Handwerker – jede Hand wurde gebraucht, um das Weiterleben der Gesellschaften zu sichern. Das geringere Angebot an Arbeitskräften ließ die Löhne steigen. Eigentum verteilte sich auf weniger Menschen. Manche, die zuvor am Existenzminimum vegetierten, erbten Geld und Besitz und stiegen in die Mittelschicht auf. Da ohnehin bei allen Seuchen vorrangig die ärmeren Bevölkerungsschichten dezimiert werden, sollte sich das Verhältnis zugunsten der Mittelschicht verschieben.

Der Rückgang der Produktion war bei einem Bevölkerungsverlust allerdings gravierender als der Verlust an Arbeitskräften.[192] Der gestiegene Wert der Arbeitskraft wurde schnell durch die Inflation infolge der Warenknappheit aufgezehrt.[193] Dies betraf überproportional den Mittelstand und die unteren Einkommensgruppen, während für die unternehmerisch tätige Oberschicht höhere Preise steigende Gewinne bedeuteten. Daher verbesserte sich für die Mehrzahl der überlebenden Armen die soziale Situation nicht.

Für die Oberschicht und die Kirche ist dagegen ein Zuwachs an Wohlstand belegbar.[194] Die Enteignung der vertriebenen und ermordeten Juden war ein Bereicherungsprogramm für Kirche, Städte und einige Privatleute. Alleine die damit verbundene Auslöschung von zu tilgenden Schulden bei jüdischen Geldverleihern war der

Haupttreiber von Pogromen. Unzählige Immobilien und Ländereien wechselten den Besitzer. Kirche und Adel besaßen nicht umsonst das meiste Land. „Die Kirche verstand es, die Todesangst ihren Zwecken dienstbar zu machen.“[195] Die Testamente dieser Zeit zeigen, „wie die Menschen sich willig ihrer Güter entäusserten, da sie die Erben vor ihrer Augen sterben sahen.“[196]

Hätten nur Angebot und Nachfrage eine Rolle gespielt, Pest und Cholera wären vielleicht wirklich Treiber von Bürgerrechten und Wohlstand geworden. Doch die Marktmechanismen regierten nur kurz. Im Laufe des 14. Jahrhunderts wurden in Europa allerorten Luxusgesetze erlassen, die Frauen zum Beispiel das Tragen von Hermelinpelzen verboten oder die Zahl von Festgästen begrenzte.[197] Zusätzlich griff die Obrigkeit mit sogenannten Pestgesetzen in die Wirtschaft ein. Es wurden Maximalvergütungen festgesetzt und gleichzeitig Arbeitskräften verboten, andernorts lukrativere Angebote wahrzunehmen. Die arbeitsfrei gestellte Oberschicht wollte sich von den Arbeitern der Faust nicht auf der Nase herumtanzen lassen. Die Pestfolgen dienten als Vehikel, um Menschen sozial und geographisch an ihrem Platz zu halten.

Gesetze, Verordnungen und Einschränkungen der Reisefreiheit überdauerten die Zeiten der Pestepidemien. Das Leben wurde seither immer mehr unter staatliche Aufsicht gestellt. Oft unter dem Deckmantel von Schutz und Fürsorge verhängte man Zwangsabgaben und Beschränkungen der Berufsausübung. Über Jahrhunderte blieb es Menschen verwehrt, ohne längere Vorbereitungen den Aufenthaltsort zu wechseln. Pässe, Gesundheitszeugnisse und Empfehlungsschreiben wurden unverzichtbare Bestandteile des Reisegepäcks. Neue Infektionsereignisse boten immer wieder Anlässe für neue Verbote. Soziale Kontrolle und Reglementierungen des Lebens gewannen die Oberhand.

Hinter der Nebelwand von Seuchen ließ sich ein Wirtschaftskrieg der Oberschicht gegen die Masse der Bevölkerung führen. Die enorme Triebkraft von Ausnahmezuständen für eine Vermögensumverteilung zeigen Wirtschaftsdaten aus der Stadt Augsburg.[198] Während 1475 3,5% der Stadtbevölkerung 70% des Stadtvermögens kontrollierten, waren 1516 nach vier Pestepidemien 90% des zu versteuernden Vermögens in der Hand von 6,5% der Bürger. Das Steuervermögen der Unterschicht, der etwa 80% der Einwohner zugerechnet wurden, sank von 4,5% auf 1,3%.

Die bürgerlichen Patrizier in den Städten befeuerten maßgeblich die Seuchenangst, um die Juden aus dem Wirtschaftsleben zu verdrängen. Dafür schreckte man nicht davor zurück, eine fanatische Geißlerbewegung, die 1260 erstmals in Oberitalien in Erscheinung getreten war, zu reaktivieren.[199] Ohne Finanzierung und Steuerung hätten sich die Geißlertrupps nicht binnen weniger Monate ab 1348 von Österreich aus über ganz Mitteleuropa verbreiten können. Es waren diese von der Oberschicht und den Klerikern bezahlten Agitatoren, die die Juden als Ursache des kommenden Unglücks bezichtigten und deren Auslöschung forderten.

Über Jahrhunderte begünstigte jede Seuche eine zunehmende Polarisierung in Arm und Reich. Die Übersterblichkeit, die ganz überwiegend die Unterschicht betraf, beeinträchtigte nicht einmal das städtische Leben, da es zu einem ständigen Zustrom neuer Bewohner aus dem Umland kam. Die Landflucht befeuerte die sozialen Unterschiede weiter, weil durch die fehlenden Arbeitskräfte auf den Feldern die Erträge an Lebensmitteln zurückgingen und

Teuerungen die zwingende Folge waren. Der Arbeitskräftemangel und neue Formen der Kriegführung ruinierten die europäische Ritterschaft und erzwangen eine Neuordnung des Adels.

Seuchen brachten nicht nur Krankheit und Tod für die Ärmeren, sondern Wohlstand für bestimmte Interessengruppen. Diese Lobbyisten waren die Profiteure jeder Seuchenangst. Fällt die größte barocke Machtentfaltung zwischen dem Ende des Dreißigjährigen Krieges 1648 und der Französischen Revolution 1789 mit einer pandemiearmen Zeit zusammen, weil Seuchen entbehrlich schienen?

Erleichtert wurde der autoritäre Durchgriff durch die von der Kirche angefachten Ängste. „In solchen Zeiten der Bedrängnis braucht man Gott und ruft ihn an, und da kommen gleich die Fürsten und melden sich als dessen Stellvertreter."[200] Die Staaten nutzten den Anlass immer wieder zur Festigung des autoritären Feudalsystems. Nach Aufhebung der Leibeigenschaft im 19. Jahrhundert fanden sie andere Mittel und Wege, ihre Untertanen in die Botmäßigkeit und Disziplin zu zwingen.

Auch der Kirche kamen Seuchen gelegen

Für den Machtanspruch der Kirche sah es im ausgehenden Mittelalter nicht gut aus, als der französische König Philipp IV. (1268-1314) die Kaiserkrone übernahm und den reichen Orden der Templer enteignen und vernichten ließ. Die Päpste saßen von Kaisers Gnaden in Avignon ohne Perspektive für die angestrebte europaweite Zentralherrschaft. Es war sicher keine Verkettung unglücklicher Umstände, dass zu Zeiten der ersten Pestwelle 1347-52 zwei Anwärter auf die Kaiserwürde plötzlich verstarben, so dass der papsttreue

König von Böhmen als Karl IV. 1349 den Thron besteigen konnte. Die Pest taugte als Nebelkerze, ob es um das Verschwinden unliebsamer Personen oder die weltlichen Begehrlichkeiten der Kirche ging.

Es fehlte der Bevölkerung zu dieser Zeit noch an Durchdringung mit dem christlichen Glauben. Bis zum 14. Jahrhundert war die neue Religion nur in einer kleinen Oberschicht angekommen. Lediglich im Nahbereich der klerikal durchsetzten Führungselite musste man mit einem christlichen Bekenntnis seine Karrierechance wahren. Die Masse der Bevölkerung blieb in naturreligiösen Überzeugungen und Bräuchen verhaftet. Warum hätten sie sich eine autoritäre, zur Unterdrückung genutzte Lehre zu Eigen machen sollen?

Ein greifbarer Beweis für die lange mangelnde Akzeptanz der Kirche sind die Vornamen, die Eltern für ihren Nachwuchs vergaben. In einer Auswertung aus der Toskana verschwinden erst von der Mitte des 13. Jahrhunderts bis zum Beginn des 15. Jahrhunderts nicht-christliche Namen und damit deren Vielfalt.[201] Entfielen in einer Katasterliste vor der Pest von 1348 noch 27 Namen auf die Hälfte der untersuchten Gruppe, waren es 150 Jahre später nur noch 14. Der Prozentsatz christlicher Vornamen stieg zwischen 1260 und 1427 von 20 auf 80%. Die Auslöschung der althergebrachten Vielfalt kelto-germanischer Namen erforderte jetzt Hausnamen zur Identifizierung einer Person, die es gleichzeitig ermöglichten, jeden einer Sippschaft oder einem Ort zuzuordnen. Das war eine weitere Voraussetzung für bessere Überwachung und soziale Kontrolle.

Epidemische Krankheitshäufungen in zahlreichen Städten und Regionen Europas wirkten trotz der kirchlichen Hilflosigkeit als Turbo für die Akzeptanz der christlichen Lehre. Katastrophenereignisse demonstrierten sichtbar die göttliche Macht und erzeugten die für eine Unterwerfung notwendige Angst. Die Pestwellen erlaubten es, das demographische Gefüge und das ökonomische System Europas umzubauen. Die vorchristlichen Traditionen wurden getilgt. Eine Führungselite entstand, die sich im neugeschaffenen „klassischen Latein“ und Altgriechisch in einer übernationalen Gelehrtenrepublik vereint sah.

Der zunehmende Durchgriff christlicher Anschauungen trifft jedenfalls mit der jetzt einziehenden Seuchenpräsenz in der Gesellschaft zusammen. Heinrich Heine nannte das Christentum eine „Krankheitsreligion“. Gesicherte infektiöse „Krankheitswellen“ kennen wir in Europa erst seit hier die christliche Kirche Macht ausübt. Belastbare Belege aus der vorchristlichen Zeit haben wir außerhalb kriegerischer Auseinandersetzungen nicht. Die vermeintlichen Seuchenzüge aus den biblischen Zeiten sind nur in kirchlichen Schriften festgehalten. Benötigen autoritäre Religionsgemeinschaften Seuchen als Disziplinierungsinstrument?

Mangels Streitmacht konnten die Päpste Kriege nur anzetteln, aber nicht selbst führen. Als Schockstrategie lagen ihnen Naturkatastrophen oder zivilisationsgemachte Seuchen näher. Krankheiten waren insbesondere in den größeren verdreckten Städten immer präsent. Eine jahreszeitlich eintretende Verschlimmerung konnte genutzt oder begünstigt werden.

Nach dem Auftakt ab 1347 folgten weitere schwächere „Wellen“, die uns jetzt ebenfalls wieder in Aussicht gestellt wurden. Bis dann 1495 die Syphilis als Strafgericht biblischen Ausmaßes die Pest ablösen sollte. Auf jeden Fall war es für die geübten Propagandisten des Klerus ein Leichtes, Krankheiten zu apokalyptischen Plagen zu deklarieren und eine Angstspirale anzufachen. Gehäufte Erkrankungen in den immer unruhigen Hafenstädten Venedig, Genua oder Marseille mochten als Anlass dienen.

Mit der Pest 1347 begann der Umbau. Die als Händler, Ärzte und Geldverleiher gut situierten Juden wurden in grausamen Pogromen umgebracht oder vertrieben. Selbstdenkende Menschen wurden als „Hexen“ und „Ketzer“ verbrannt. Handelswege und Lieferketten wurden durch Quarantänebarrieren und Bewegungsverbote unterbrochen. Erwünschte Engpässe bei Lebensmitteln verschärften Hungersnöte.

Die Angst vor Ansteckung schürte das Misstrauen zwischen den Menschen. Schwindender Wohlstand erzeugte Neid und Missgunst. Ohne Versammlungsmöglichkeiten, Märkte und Feiern kam das bürgerliche Leben immer wieder zum Erliegen. Weltuntergangsprediger heizten die Stimmung auf. Züge fanatischer Geißler verbreiteten eine Endzeitstimmung und verschiedenste ansteckende Krankheiten (Krätze, Pocken usw.) wie Sprinkleranlagen.

Seuchen, Krankheit und Tod weiteten die Macht der Kirche aus. Mit der Angst vor dem Fegefeuer vermachten Wohlhabendere in ihren Testamenten viel Vermögen, um sich selbst und ihren Familien das Seelenheil zu sichern. Die finanziellen Transaktionen waren in manchen Städten so umfangreich, dass Räte durch Verordnungen „fromme Praktiken“ einschränkten. Ging bürgerliches Vermögen an die sogenannte „Tote Hand“ der Kirche über, fiel es aus der städtischen Besteuerung heraus.

Mit jeder Übereignung an die Kirche wurde die Finanzkraft der Stadt geschwächt. Bischöfe schreckten dabei nicht davor zurück, die Seuchengefahr zu erhöhen. Unter Androhung des bischöflichen Banns hörten Priester in Pfarreien auf, Messen zu lesen und Verstorbene zu bestatten. Während der Streitdauer entstanden unweigerlich Leichenberge: „waren wol 80 mentschen tot in allen pfarren, die stuenden alle noch ob der erden in truchen."[202]

Diese Art des kirchlichen Streiks wurde in Augsburg zum ersten Mal 1418 als Druckmittel gegen die städtische Obrigkeit eingesetzt. Als 2020 in Bergamo Bilder mit Sargtransporten um die Welt geschickt wurden, griff man nur auf eine bekannte Drohkulisse zurück, die ein Massensterben augenfällig machen sollte. Ursache war immer ein organisatorischer oder provozierter Bestattungs-Lockdown, der ein Schlüsselfaktor für die Seuchenangst ist. Diese Angst generierte unabhängig von der grassierenden Seuche Opfer. Martin Luther hat diesen krankmachenden Effekt beim Englischen Schweiß artikuliert: „So habe ich bei uns viele und auch mich selbst durch Vertreibung der Furcht befreit."[203]

Es ist kein Zufall und nicht nur Opportunismus, wenn die Kirche im 21. Jahrhundert wieder mit an Bord ist. Im Vatikan hat man Erfahrung mit einem Reset, der vor gut einem halben Jahrtausend „Renaissance" getauft wurde und ebenfalls einen gesellschaftlichen Rückbezug („build back better") anstrebte. Impfpflicht-Papst Franziskus ist Jesuit und beruft sich zudem auf den Heiligen Franziskus, der schon damals den Menschen Besitzlosigkeit als Glück verkaufte. Die Parallelen sind frappierend. Die Ziele der Pandemisten waren damals und heute identisch: Zersetzung einer pluralistischen Gesellschaft mit Konzentration der Macht und des Geldes in den Händen weniger.

War die Renaissance mit ihrem Humanismus aber nicht eine paradiesische Epoche? Nur für eine kleine Elite, die ihren sexuellen Ausschweifungen und ihrem oligarchischen Luxus frönen konnte.

Was in den Geschichtsbüchern unterbelichtet ist: 16. und 17. Jahrhundert waren für die Bevölkerungsmehrheit geprägt von zahllosen Kriegen („Bauernkriege", Dreißigjähriger Krieg), Not und Wohlstandsverlust. Von wegen „you have nothing und you are happy."

Seuchen wurden gebraucht

Es könnte also durchaus so gewesen sein, dass im Mittelalter immer wieder epidemische Krankheiten auftraten, weil die Umweltbedingungen mit einem relativ wärmeren Klima, viel Unrat, vielen Fäkalien und vielen Haustieren stimmten. Niemand dürfte dies anfangs gewollt oder geplant haben. Aber aus jeder Seuche resultierten Ereignisse, die nicht nur schrecklich und nachteilig waren.

Es gab Krisengewinnler, die sich ihre Gedanken gemacht haben werden. Zumindest wurde nur mancherorts etwas unternommen, um das erneute Auftreten einer Epidemie zu verhindern. Hinter der Nebelwand der Unterwerfung unter ein unvermeidbares Schicksal dürfte sich Zustimmung und Arrangement mit Seuchen ausgebildet haben. Diese können dann in eine aktive Befeuerung gemündet haben. Spätestens am Ende des 15. Jahrhunderts hatten Seuchen mit dem Englischen Schweiß ihre Unschuld verloren.

Für den Wandel von Betriebsunfällen im Gemeinwesen durch Versäumnisse und Fehlplanungen zu einem Instrument der gesellschaftlichen Polarisierung zwischen Reich und Arm spricht, dass sich Charakter und Ausmaß der Pestereignisse veränderten. Starben im 14. Jahrhundert vielerorts auch Familienmitglieder der Oberschicht und prominente Patrizier, war in der Folge fast nur die Unterschicht betroffen. Der Anteil der Armen wuchs und die Reichen wurden reicher mit jeder der fast schon regelmäßig ausgerufenen Pest. Die soziale Sprengkraft musste kontrolliert werden. Dafür eigneten sich die Maßnahmen des Gesundheitsschutzes mit Festsetzung verdächtiger Personen und zentralen Durchgriffsrechten der Behörden.

Bei jeder Epidemie – ob real oder fingiert – werden die Freiheitsrechte der Menschen beschränkt oder gar aufgehoben. Wenn dies nicht das primäre Ziel einer Epidemie ist, ist es für die staatlichen Organe zumindest eine wünschenswerte Folge. Einschränkungen der Bewegungsfreiheit und Selbstbestimmung überdauern dann in der Regel das Krankheitsgeschehen. „Die Pest geht vorüber, die Strenge bleibt" notierte der Autor Ludwig Börne (1786-1837) 1831 in Paris.

Das 19. Jahrhundert wurde zum Jahrhundert der Seuchen, weil sich die herrschenden adeligen Eliten durch die Französische Revolution 1789 und die Expansion der bürgerlichen Emanzipation über die Feldzüge Napoleons bedroht sahen. Mit dem Beginn der Restauration in Europa wurden wiederkehrende Gesundheitsbedrohungen der Bevölkerung zu einem wünschenswerten Bestandteil der adeligen Drohkulisse. Das erste Auftreten der Cholera in Mitteleuropa 1831, ein Jahr nachdem die Pariser Bürger den Bourbonen Karl X. in der Julirevolution gestürzt hatten, dürfte nicht nur eine Koinzidenz sein.

Eine Sanitätspolizei konnte helfen, den Pöbel auf Distanz und in Schach zu halten. Bei einer Epidemie durfte man betroffene Regionen nur mit Ausnahmeregelungen verlassen. Im Fall eines Verstoßes drohte sogar Erschießung. War die Cholera-Epidemie passend zum Revolutionsjahr 1848 in Berlin nur Zufall?

Seuchen als Waffe

Es ist kaum zu glauben, wie sehr sich die Reaktionen auf epidemische Bedrohungen über die Jahrhunderte gleichen. Die Identifizierung von Mikroorganismen hat an Maßnahmen und Verhaltensempfehlungen kaum etwas verändert. Galt bei Covid-19: stay-at-home, Abstand halten, nicht zügellos über die Stränge schlagen und „Pobacken zusammenkneifen",[204] liest sich dies 700 Jahre früher bei Louis Heylighen, einem Flamen am päpstlichen Hof von Avignon, kaum anders: "Man sollte mäßig essen und trinken, eine Verkühlung vermeiden, sich aller Ausschweifungen enthalten und sich vor allem möglichst wenig unter Menschen begeben mit Ausnahme einiger weniger, die einen gesunden Atem haben; am besten ist es jedoch, zu Hause zu bleiben bis die Epidemie vorbei ist."[205] Selbst die Ankündigung eines Jahrzehnts der Pandemien durch die EU-Kommissionspräsidentin 2020 findet eine erschreckende Parallele in seinem Brief: „Nach den Astrologen wird die Epidemie zehn Jahre brauchen, um ihren Zyklus zu vollenden."

Unsere hochtechnisierte Schulmedizin wirkte 2020 ebenso hilflos wie Kräuterfrauen, Gesundheitshandwerker und die wenigen Ärzte im 14. Jahrhundert, als die Pestwelle über Europa schwappte. Lockdowns, Intensivstationen, antivirale Medikamente und FFP2-Masken beeinflussten das Geschehen so wenig wie Ausräuchern, Pestmasken oder ein Vermauern von Häusern.[206] Im Gegenteil, je aggressiver die Maßnahmen angewendet wurden, umso mehr wurde gestorben. Schon damals fungierte die Medizin als Initialzündung. Ärzte halfen, ebenso wie heute, Menschen zu stigmatisieren und auszugrenzen. Ärzte beförderten Krankheit und Tod durch ihre Maßnahmen.

Krieg den Kranken

Die staatlichen Maßnahmen mit Abriegelung der Verkehrswege, Verkaufsverboten, Isolierung und Verstoßung Kranker, Massenbegräbnissen vor der Stadt, Desinfektionsorgien und entstellenden Verkleidungen steigerten Ängste und zwischenmenschliche Entfremdung. Vielerorts erfolgte die Absonderung Krankheitsverdächtiger mit aller Härte ohne jede menschliche Rücksichten. Wachen umstellten Häuser und ahndeten jeden Kontakt zu den Bewohnern mit hohen Geldstrafen, sogar Gefängnis. Erachtete man Behausungen Kranker als zu wenig geräumig, erfolgte deren Zwangsdelogierung und Verbringung in isolierte Einrichtungen, die nur allzu oft zum letzten Asyl wurden.[207] Bürger wurden entmündigt und entrechtet, teilweise auch enteignet. Die Behörden lernten sehr schnell, diktatorische sanitätspolizeiliche Befugnisse zu schätzen.

Zumindest ab dem 15. Jahrhundert war den Obrigkeiten meist mehr am Schrecken als an der Zuversicht gelegen; denn die Maßnahmen erwiesen sich als taugliches Instrument die Menschen und ihr Leben zu kontrollieren. Pestgesetze, in denen die Bewegungs- und Tätigkeitsfreiheit der Einwohner limitiert wurde, waren attraktiv für Zugriffsrechte und soziale Diskriminierungen. Lockdowns konnten für die gesamte Bevölkerung, aber auch für ungelittene soziale Gruppen wie Bettler und fahrende Händler verordnet werden. Bei Seuchen wurden für sie meist die Stadttore geschlossen und jede ihrer innerstädtischen Aktivitäten mit drakonischen Strafen belegt. Die Corona-Maßnahmen stehen in einer ungebrochenen Tradition.

Quarantäne war nicht nur ein medizinisches Vorgehen, sondern immer ein brutales Herrschaftsinstrument, das Einwohnern von Obrigkeiten auferlegt wurde. Herrschende erkannten frühzeitig, wie

Krankheitskontrolle der Bevölkerungskontrolle dienen konnte. Nicht wenige Zeitgenossen klagten, „dass Ärzte und Medikamente höchstens schaden und die Verordnungen der Statthalterei noch schlimmer als die Pest seien."[208]

Pestkriterien waren immer abhängig von Zeit, Ort und Wirtschaftsinteressen. Jede Häufung von Todesfällen konnte zum öffentlichen Gesundheitsnotstand mit entsprechenden Durchgriffsrechten erklärt werden. Théodore Turquet de Mayerne (1573-1655), Leibarzt mehrerer gekrönter Häupter in Frankreich, England und Dänemark, war wohl einer der ersten, der städtische Gesundheitsbehörden forderte, die finanziell hochdotiert „absolute Macht" während Epidemiezeiten haben sollten.

Zur sichtbaren Seuchenbotschaft und Auslöschung des Individuums ist die Gesichtsverhüllung geworden. Ob Pestmaske im Mittelalter, Stofftücher vor Mund und Nase zu Zeiten der Spanischen Grippe oder die FFP2-Staubmasken der Corona-Hysterie. Auf das Krankheitsgeschehen hatte die Maskerade keinen Einfluss. Allerdings beeinträchtigten die FFP2-Masken anders als ihre Vorläufer noch dazu Wohlbefinden und Gesundheit ihrer Träger.[209]

Antibiotika oder gar Impfungen haben ab der zweiten Hälfte des 20. Jahrhunderts das Sterben ebenso wenig beendet, obwohl uns die Ärzte- und Pharmapropaganda dies vorgaukeln will. Alle Seuchen verschwanden in Europa ohne Medizin. Es war ein Erfolg dessen, was man als „medicinische Polizey"[210] bezeichnete: die Erstellung von Kanalisationen (zum Beispiel in Berlin von 1870-1900), die Trinkwasserversorgung aus wenig oder unbelasteten Reservoirs, die Stilllegung belasteter Brunnen, bessere Wohnquartiere und ein höheres Einkommen der Menschen, das eine ausreichende Ernährung ermöglichte.

Es hätte also eine Warnung sein müssen, als im März 2020 wegen wenigen Tausend angeblich neuartiger Grippefälle weltweit umfassende Bewegungseinschränkungen, Kontaktverbote und Gesichtsvermummung verfügt wurden. Dass die Maßnahmen nur einen Grund gebraucht hatten, bewiesen die sich leerenden Kliniken zu Beginn der „Pandemie". Entsprechend wurden die Beschränkungen in den grippearmen Sommerhalbjahren fortgeführt und immer wieder verschärft.

Zwänge erwuchsen nicht aus einer Krankheit, sondern die Maßnahmen erforderten eine Bedrohung. Die Mächtigen hatten eine Umkehr von Ursache und Wirkung vorgenommen. Eine medial inszenierte Epidemie zeigte sich ebenso wirksam wie eine reale Infektionswelle, um eine totalitäre Umgestaltung der Gesellschaften zu installieren. Die Folgen werden auf lange Sicht möglicherweise noch bedeutsamer sein als die der wirklichen Seuchen.

Seuchen als Geschäft

So schlimm die Leiden und das Sterben sein mochten, Seuchen waren immer auch ein Geschäft. Für Investoren galt damals wie heute: „widespread fear is your friend" (Warren Buffett, geb. 1930). Entsprechend zielten nie alle Bestrebungen darauf ab, Krankheiten zu verhindern oder zu beenden. Wenn Städte und Kommunen ungesunde Lebensbedingungen tolerierten oder schufen, nahmen sie epidemische Krankheiten zumindest billigend in Kauf. Pestartige Epidemien waren in vielen europäischen Städten Alltag.

In der Messestadt Leipzig leistete man sich im Vorfeld der Reformation pro Jahrzehnt eine Epidemie: 1484-6, 1495, 1505-7, 1518-20. In diesem Zeitraum waren zwei Ärzte Bürgermeister, die ihre Empfehlungen zu Verhütung und Therapie derartiger Seuchen in bare Münze umsetzten.[211]

Nach diesen vier Ereignissen kam es ausgehend von Leipzig, das auch eine Druckmetropole war, zu einer Flut medizinischer Schriften, die der Bevölkerung alchemistische Wundermittel gegen „pestilentzische Fieberkrankheiten" offerierten. Allerdings ließ bereits das berühmte Pariser Pestgutachten, das der französische König schon 1348 bei den Säftemedizinern in Auftrag gegeben hatte, nichts Gutes ahnen. Bestseller unter den Leipziger Flugschriften waren die „Elektuarien" des Caspar Kegler (1461-1537).[212] Kegler starb als wohlhabender Mann mit zwei Wohnhäusern, einem Ladengeschäft in der Leipziger Markthalle und einem Garten.

In London sollen sich 1665 an jeder Straßenecke zahlreiche Aushängezettel von Quacksalbern, Wahrsagern und Astrologen befunden haben, die Ratschläge zum Schutz vor Ansteckung, Gegen- und

Heilmittel in Aussicht stellten. Der Londoner Chronist Samuel Pepys (1633-1703) schrieb in seinem Tagebuch bei der „London Plague" 1665: „Wenn sich nur ein Mann mit wichtiger Miene, in einer Samtjacke, mit einer Binde und schwarzem Mantel in den Straßen sehen ließ, so liefen ihm die Leute in Menge nach und stellten Fragen an ihn."[213]

Dienstleistungen und Waren verteuerten sich überall, wenn Gerüchte über eine drohende Seuche aufkamen. Angst führte zu Bevorratung und Warenknappheit noch bevor Arbeitskräfte ausfielen oder Menschen krank wurden. Alles, was Schutz versprach erzielte Höchstpreise: Essig, alkoholische Getränke und Räucherwerk. Apotheker ließen sich ihre Dienste noch besser vergüten. Oft hatten die Preissteigerungen Bestand, obwohl eine Epidemie ausblieb. Tarife für Testamente, Bahren, Kerzen und Totengräber stiegen dagegen nur dort, wo es wirklich zu Übersterblichkeiten kam.

Ärzte als Krisengewinnler

Während bei den ersten Seuchenereignissen die Bedeutung der Ärzte noch gering war, wuchs deren Einfluss mit ihrer steigenden Zahl. Im 16. Jahrhundert wurden bei Seuchen überall medizinische Boards mit umfassenden Vollmachten eingerichtet, die von den Schulmedizinern trotz fehlender praktischer Erfahrung und Unkenntnis über die Natur von Infektionskrankheiten dominiert wurden. Das Business mit vermeintlichen Schutzimpfungen kam erst im 18. Jahrhundert in Gang, als Ärzte durch extrem hohe Honorare für sogenannte Inokulationen bei Adeligen das Geschäft witterten.

Mitunter wurden die Grenzen der Geschäftemacherei überschritten, denn wegbrechende Einnahmen verursachten schmerzhafte Einbußen. Seucheneinrichtungen hatten daher immer eine Tendenz, über ihren Bedarf hinaus zu bestehen. Die Stadt Genf hatte ein eigenes Spital für Betroffene der Beulenpest eingerichtet, das Kaufleute, Magistrat und die Patienten finanzierten. Starb ein Kranker ohne Erben, gingen alle Güter an das Spital. Als die Pest abebbte, entfielen die Einnahmen und die Sponsoren sahen keine Notwendigkeit mehr für ihre Zuwendungen. Das Spital stand zur Disposition.

Die Ärzte organisierten sich und schreckten vor kriminellem Vorgehen nicht zurück. Moral war nicht gefragt.[214] Zuerst vergifteten sie die Patienten nur, um die Sterblichkeitsstatistik zu erhöhen. Da es jedoch auf die Sterblichkeit durch die Pest ankam, begannen sie, den Toten Furunkel aus dem Körper zu schneiden, sie zu trocknen und zu zermörsern, um sie anderen Patienten als Medizin zu geben. Dann bestäubten sie Kleider, Taschentücher und Strumpfbänder. Doch die Pest ging weiter zurück. Schließlich schmierten die Ärzte des Nachts Beulenpuder auf die Türklinken der Häuser, die ihnen lukrativ erschienen.

Genf 1530 war sicher kein Einzelfall in der Seuchengeschichte. Die Häuser zur Absonderung Kranker, denen man Infektiosität attestierte, existierten immer länger als die namensgebenden Patienten. Die letzten Leprahäuser wurden im 18. Jahrhundert geschlossen, obwohl die Lepra schon im ausgehenden Mittelalter keine Rolle mehr spielte. In den ehemaligen Isoliergebäuden hatten sich längst Obdachlose, Bettler und Kleinkriminelle eingenistet. Leprahäuser wurden schließlich traditionell von der Obrigkeit und ihren Ausführungsorganen gemieden...

Schon zu Zeiten, als es noch häufiger Leprafälle in Europa gab, waren bei weitem nicht alle Insassen der Leprahäuser leprakrank.

Die Diagnose war damals trotz der Beteiligung von drei Ärzten spekulativ und manipulierbar. Die sichtbaren Hauterscheinungen konnten von der Krätze oder Geschlechtskrankheiten wie der Syphilis nicht sicher unterschieden werden. Die Diagnose bedeutete für die Betroffenen den Verlust allen Besitzes. Es gab also immer Nutznießer, die andere Menschen mit der Diagnose „Lepra" stigmatisieren wollten. Schließlich wurde nicht nur an der Verwahrung mit eventueller Pflege verdient, sondern am Eigentumsübergang bei Tod. Und gestorben wurde in den entsprechenden Häusern reichlich. Die Einweisung war meist eine Einbahnstraße ohne Wendemöglichkeit.

Bis heute genügt die Urangst der Menschen vor Infektionskrankheiten als Treiber für medizinische Geschäfte. Politiker und Medien mussten bei Covid-19 nur die Bedrohungskulisse aufrechterhalten. Krisenkabinette leiteten gigantische Geldsummen mit fadenscheinigen Ermächtigungen in die verzweigten Kanäle des medizinisch-industriellen Komplexes. Politiker und Medien waren zu Handlangern von Big Pharma verkommen. Unter dem Vorwand „Gesundheitsschutz" gab es kaum nennenswerte Widerstände. Obwohl ärztliche Behandlungen überall zur häufigsten Todes- und Krankheitsursache aufgestiegen waren, erfreuten sich Ärzte und ihre Art der Krankheitsbekämpfung hoher Wertschätzung. Geld für medizinische Produkte und Dienstleistungen schien jeden Rechtsbruch und jede Kreditaufnahme wert zu sein.

Der Tod wandelt sein Gesicht

Krankheit und Tod waren für die Kirche von Anfang an ein lukratives Geschäftsfeld. Schutz boten lange nur der Heiland und die Heiligen.

Konnten doch nur sie heilen. Unter dem Deckmantel ließ es sich gut an Krankheit verdienen. Die Angst, nur einen Platz im Himmelreich zu erlangen, wenn zu einem gottgefälligen Leben mit reichlich Spenden an die Kirche noch ein „frommes Vermächtnis" an die Herren im Talar ging, war tief verwurzelt. Die Einnahmen florierten offenbar mit den Seuchenwellen, da unmittelbar im Anschluss in Kirchen und Klöster sowie Bildungseinrichtungen investiert wurde. Fast alle universitären Neugründungen östlich des Rheins und nördlich der Alpen fallen in diese Zeit.

Mit den Seuchenwellen und der Panik vor einem plötzlichen und vorzeitigen Anklopfen des Todes weitete sich das Geschäft jedoch noch auf die Zeit nach dem Tod aus. Die „himmlische Buchführung" nahm in dem Maße Fahrt auf, wie das Sterben durch die Furcht vor Kranken zum heutigen Schrecken wurde. Solange der Tod bis zum 14. Jahrhundert noch ein integraler Bestandteil der Existenz und der Gevatter Tod Teil der Familie war, gab es wenig Grund das eigene Ende kostenpflichtig hinauszuschieben oder das Leben nach dem Tod vorzufinanzieren. Erst die Abscheu vor dem Tod und die Angst vor Höllenstrafen ließ die Kassen so richtig klingeln.

Mit dem Schockerlebnis des unvorbereiteten Seuchentodes vor Augen entstand das Bedürfnis, das Ende zu verzögern und vorzusorgen. Sündenablass, Spenden für Präventions- und Genesungswunder durch Schutzheilige haben hier ihre Wurzel. Mit der veränderten Todeswahrnehmung war der Weg geebnet, die Zeit nach dem Ableben zu einem neuen Geschäftsbereich für Glockengeläute, Requiems und Seelenmessen in maßloser Häufigkeit zu machen.

Zur Bewältigung von Seuchen gehörten weitere lukrative Dienstleistungen: Bittprozessionen, Votiv- und Seelenmessen, Fastenzeiten, Gebete zu Schutzpatronen, wie dem Heiligen Sebastian oder dem

Heiligen Rochus. Dazu kam die Errichtung verschiedenartiger Stiftungen, die je nach Reichtum der Angehörigen noch lange nach dem Ende einer Epidemie die Beutel füllten. Wie massiv die Kirche ihre Geschäfte betrieb, ist am Verbot von Umgängen, Wallfahrten und Prozessionen erkennbar, das nach der Reformation in vielen Städten wiederholt verfügt wurde.

Auf der Suche nach himmlischer Protektion entstand ein neuer Betrug der Kirche: der Reliquienhandel. Fürsten und reiche Patrizier häuften zum Schutz vor Unheil ganze Schatzkammern an. Wertlose Knochen und Stofffetzen verwandelten sich in den Händen Geistlicher in Residuen Heiliger, die jetzt am Fließband erfunden wurden. Die Preise explodierten für alles, was nur eine entsprechende Aura aufwies. Der Käufer hoffte auf Seelenheil oder versprach sich eigene Geschäfte durch die Präsentation der vermeintlichen Schätze. Der Wallfahrtsboom entstand.

In Anerkennung wissenschaftlicher Fortschritte übte die katholische Kirche dann den Schulterschluss mit der Medizin, die sie eigentlich verachtete. Ende des 18. und Anfang des 19. Jahrhunderts bot Papst Pius VII. (1742-1823) während einer Pockenepidemie in Mittelitalien das volle Gewicht seiner weltlichen Macht für eine Impfkampagne auf. Der Text eines Gesetzes vom 20. Juni 1822 beschrieb den neuen Pockenimpfstoff als ein Geschenk „der göttlichen Vorsehung“ und als Zeichen der „väterlichen Liebe, seine Kinder“ zu retten. Nicht erst im Jahr 2021 entstand die Verpflichtung für alle Untertanen im Kirchenstaat geimpft zu sein.

Seuchen als Schockstrategie

Die Furcht der Bevölkerung vor Übergriffen durch Soldaten und Räuberbanden, Hungersnöten und existenzvernichtenden Abgaben gingen Hand in Hand. Aber die Angst vor Seuchen mag die wirkmächtigste gewesen sein. Spätestens ab 1347 scheinen Epidemien unter maßgeblicher Regie der Kirche zu apokalyptischen Szenarien transformiert worden zu sein.

1347 verbreiteten Reisende und Missionare das Gerücht, im Osten der Welt herrsche eine unheimliche todbringende Seuche. Der Übergang zwischen Berichten und Phantasie war fließend: „Die Pest breitete sich (...) in China und Persien aus, wo es Wasser mit Würmern regnete und alle Menschen und Regionen von ihr heimgesucht wurden. Feuerbälle schienen vom Himmel zu fallen, die so groß wie ein dicker Menschenkopf waren, wie man es sonst nur vom Schneefall her kennt. Sie fielen zur Erde und verbrannten Land und Güter, als ob sie nur aus Holz gewesen wären. Man erzählte sich auch, sie hätten einen fürchterlichen Rauch verursacht, und wer diesen erblickt hätte, sei auf der Stelle tot umgefallen.“[215] Angst vor Krankheit und Tod verschlimmert das Geschehen, weil Menschen ihre Empathie verlieren.

Zur anfänglichen Angstpropaganda kamen dann Maßnahmen, die Krankheiten begünstigten und die Panik steigerten. Die Eskalationsspirale wurde angeheizt. Die Herstellung hygienischer Zustände, Beendigung von Not und Krieg sowie zwischenmenschliche Solidarität hätten ausgereicht, um die nachfolgenden Tragödien zu verhindern.

Die sozialen Akteure waren staatliche und städtische Ordnungshüter, Geistliche, Ärzte und natürlich die psychisch destabilisierten Menschen selbst. Das Abendland war bis zum 14. Jahrhundert „zu bäuerlich, zu zersplittert, zu ungebildet, um für intensive Propaganda empfänglich zu sein." Erst jetzt „ist es urbanisiert und besitzt eine an Zahl und Bedeutung wachsende, gebildete Elite."[216] Nur mit einer gebildeten, immer naturferneren Oberschicht konnten nach 1347 Pestängste die Gesellschaft in Beschlag nehmen. Die neue Klasse von Akademikern, die als Ersatz für die gebildeten Juden in Stellung gebracht wurde, durchlief weltfremde scholastische Studiengänge geprägt von christlicher Angst und Weltuntergangsstimmung.

Wie stark sich die Angst verselbständigte und von den tatsächlichen Vorgehen losgelöst waren, erkennt man daran, dass zahlreiche Judenpogrome 1347/48 ohne vorangegangene Pest erfolgten.[217] Nicht eine Häufung gleicher Erkrankungen mit hoher Sterblichkeit war der Auslöser, sondern das Brennen und Morden erschütterte die Städte noch bevor eine Krankheit wahrgenommen wurde. Züge fanatischer, von Lobbyisten finanzierter Geißler befeuerten die Angst und riefen zu Pogromen auf. Und dann kam es vielleicht zu Infektionskrankheiten, die die fahrenden Weltuntergangsbeschwörer eingeschleppt haben mochten. Oft genug blieb die befürchtete Pest allerdings aus. Kein Wunder, dass man in unseren Tagen wieder auf ein Epidemie-Szenario unter Einsatz bezahlter Propagandisten in Medien und auf den Straßen zurückgriff, um eine „Zeitenwende" mit Diffamierung zahlreicher sozialer Gruppen einzuleiten. Angst bereitet den Boden für eine freiwillige Unterwerfung.

Sterbeglöckchen und heulende Sirenen sind fester Bestandteil der akustischen Angstkulisse, die die Alarmbereitschaft in der Bevölkerung schafft. Unerwartete Todesfälle reichen dann aus, um den

Schock auszulösen, der jede drohende Krankheitswelle in eine Katastrophe verwandeln kann. Siegmund Albich (1347-1427), der Leibarzt des böhmischen Königs Wenzel, hat dies in seiner Gesundheitsempfehlung zur Pest erkannt, wenn er mahnt, „von der Pest weder zu sprechen, noch an sie zu denken, da allein schon die Angst vor der Seuche, die Einbildung und das Reden von ihr den Menschen ohne Zweifel pestkrank machen kann.“[218]

Typhus, Pest und Cholera bilden bis heute den Nährboden für Pandemieängste. Ohne deren angeblich so verheerendes Wüten in vergangenen Jahrhunderten wäre die Verängstigung heutiger Gesellschaften mit einer keineswegs neuen Grippe 2020 nicht möglich gewesen. Die für den Corona-Lockdown beschworenen Leichenberge und die Ansteckung aus heiterem Himmel mussten nur im kollektiven Gedächtnis mobilisiert werden. Bis heute werden selbst in wissenschaftlichen Texten propagandistische Bilder und Personifizierungen von Seuchen unkritisch übernommen. Krankheitswellen „wälzen sich“ über Länder, „durchbrechen Abwehrbarrieren“, „überwältigen ihre Opfer“ und „wüten unbarmherzig“. Nüchterne Beschreibungen der Geschehnisse sehen anders aus.

Seuchentote sind zur Steigerung des Schreckens ostentativ mit Farbbezeichnungen belegt worden. Diese Farbeindrücke stellten sich zwar erst kurz vor oder nach dem Ableben ein und waren nicht obligat, allerdings einprägsam. Die eigentliche Pest galt als der „Schwarze Tod“, weil es zu profusen Hauteinblutungen kam, die schwärzliche Verfärbungen zur Folge hatten. Die Cholera wurde als „Blauer Tod“ dämonisiert, da infolge des Flüssigkeitsmangels der Blutfarbstoff Hämoglobin nicht mehr ausreichend durch die Lunge gepumpt wurde und seine rote Farbe verlor. Was bei diesen

Schreckfarben allerdings fehlt, ist der „Weiße Tod" durch wiederholte Aderlässe bis zum „Weißbluten".

Bei keiner Epidemie sterben Kranke wie die Fliegen. Schilderungen von Leichenbergen und binnen Stunden dahingerafften Kranken werden seit Jahrhunderten stereotyp wiederholt. Wenn es bei Petrarca heißt, er sah „die Opfer der hoffnungslosen und ansteckenden Seuche zusammenbrechen", dann reproduziert er die angestrebte Aussichtslosigkeit und alles findet sich wieder in der Pandemie-Propaganda von 2020.

Spurensuche zum Seuchen-Mongering

Angst- und Panikmache waren immer das Mittel der Wahl, um Menschen an eine verheerende Seuche glauben zu machen. Massenhypnose beherrschten schon alle Seuchen-Beschwörer. Die Mechanismen von Mind Control und Massenhypnose werden institutionell in der ersten Hälfte des 20. Jahrhunderts erstmals wissenschaftlich aufgearbeitet.

In einer „Strategie des Terrors"[219] werden Menschen im Wechsel von strengen Disziplinarmaßnahmen und Versprechungen auf einen glücklichen Verlauf hin- und hergerissen, bis die widersprechenden Informationen die Situation völlig unklar erscheinen lassen. „Daß man die Zahl (der Toten) nie genau wußte, oder vielmehr, daß man von der Unrichtigkeit der ausgegebenen Zahl überzeugt war, füllte die Gemüter mit vagem Schrecken und steigerte die Angst ins Unermeßliche."[220]

Der stete Wechsel von Panikszenarien und Durchhalteparolen mit Hoffnungsschimmern ist fixer Bestandteil autoritärer Regime. Das

Wechselbad der Gefühle zersetzt die Persönlichkeit und bricht den Willen zur Selbstbestimmung. Zersetzung bedeutet: jedes zwischenmenschliche Vertrauen zu zerstören und eine Atmosphäre der Angst und des Misstrauens herzustellen. Jeder Mensch könnte erst einmal eine ansteckende Krankheit beherbergen. Jeder misstraut jedem und hält Abstand. Der einzelne wird in seiner Schockstarre zum willfährigen Spielball für alles. Die Bevölkerung wird zu einer Herde, die man in jeden Pferch treiben kann. Der Entzug von Freiheitsrechten erscheint dann als Kokon mit stabilem Koordinatensystem, in das sich destabilisierte Personen flüchten.

Der Psychoterror hat Methode. Die „Massenbildung" entspricht einer Gruppenhypnose, die auf vier Voraussetzungen beruht: Mangel an sozialer Bindung, einem Gefühl der Ausweglosigkeit, frei flottierender Angst und Frustration.[221]

In Europa geht die Erforschung der Bewusstseinstechnologien auf die Tavistock-Klinik zurück, die 1920 in London mit Personal des War Propaganda Bureau (WPB) gegründet wurde.[222] Hier entdeckte man, dass Schocks Menschen willenlos und steuerbar machen, weil Vernunft und Gedächtnis aussetzen. Der dortige Psychiater Brock Chrisholm bereitete ab 1946 die Gründung der WHO vor und war ab 1948 deren erster Generaldirektor.

Waren Schuld und Sühne der gemeinsame Nenner von Kirche und Säftetherapeuten, wurde das Geschäft mit der Angst zum verbindenden Glied zwischen heutigen Ärzten und Raubtierkapitalisten – Angst vor unsichtbaren Mikroben und heimtückischen Krankheiten, die sich unmerkbar im Körperinneren entwickeln. Nichts ist geeigneter, unsinnige und selbst gesundheitsgefährdende Behandlungen zu vermarkten. 2020 wurde "Angst" wiederum zum entscheidenden

Faktor, um die Einhaltung der Covid-Beschränkungen durch die Bürger sicherzustellen.[223]

Die Medizin ist eine Branche, deren Geschäfte auf Ängsten basieren. Der Angst, nicht gegen eine drohende Krankheit vorgesorgt zu haben. Der Angst, nicht alles gegen eine vorhandene Krankheit unternommen zu haben. Mit anderen Worten: der Angst, an der eigenen Krankheit zumindest Mitschuld zu tragen. Schuldzuweisungen sind das Einmaleins des sogenannten Gaslighting, einer Form des Psychoterrors.[224] Schuld ist seit der Christianisierung die Triebfeder der europäischen Kultur.

Seuchen als Bevölkerungskontrolle

Die selbst ernannten Eliten sind eine Minderheit. Das macht ihnen Angst. Und diese Angst ist nur zu berechtigt. Die Jahrhunderte nach 1347 waren nicht nur die Zeit von Pest und Cholera, sondern auch die der Revolten. Aufstände wurden nicht erst mit der kapitalistischen industriellen Ausbeutung im 19. Jahrhundert zum festen Bestandteil der Geschichte. Im vorindustriellen Europa waren „Revolten an der Tagesordnung“.[225]

Deutsche Historiker verschweigen dies meist. In Frankreich ist das Thema präsenter. Dort zählte man zwischen 1590 und 1715 alleine in Akquitanien etwa 500 Volksaufstände.[226] Vor der Französischen Revolution lassen sich zwischen 1715 und 1787 mindestens 100 bewaffnete Erhebungen der Bürger und Bauern auffinden.[227] Die englische Landbevölkerung stand dem nicht nach. Von 1735-1800 wurden dort 275 gewaltsame Selbstermächtigungen gezählt.[228]

Sicherheit vor den Massen bot den Herrschenden nur die Entsolidarisierung der Bevölkerung. Dazu diente deren Aufspaltung nach Herkunft, Tätigkeit und Wohlstand. Überschaubarere Einheiten waren nicht nur leichter in Schach zu halten, sondern konnten aufeinander gehetzt werden Damit konnte eine Anhäufung von sozialem Sprengstoff gegen die Eliten verhindert werden. Bekanntermaßen sind Zusammenkünfte der Beginn jeder Auflehnung.

Noch effektiver war allerdings die komplette Zerstörung der zwischenmenschlichen Beziehungen durch eine elementare Angst wie sie ein Ansteckungsrisiko bot. Wer Krankheit und Tod durch die bloße Präsenz des anderen fürchten muss, isoliert sich. Ludwig Börne erkannte das schon 1830: „Bis das erschrockene Volk wieder zur Besinnung kommt, sind die alten Fesseln neu genietet, die Krankenstube bleibt nach der Genesung das Gefängnis, und zwanzig Jahre Freiheit gehen darüber verloren."[229]

Sobald eine Seuchengefahr ausgerufen wurde, schalteten Gemeinwesen in den Obrigkeitsmodus. Uniformierte tauchten auf und verfügten Verbote unter Androhung drakonischer Strafen. Bis heute liefern Gesundheitsnotstände oder das, was man dafür hält, eine Begründung für militärische Einsätze gegen die Bevölkerung. Corona-Generäle in Tarnanzügen sind der sichtbare Beweis.

Das erste Gesetz zur Seuchenbekämpfung entstand im Jahr 1400 in Basel. Es sah unter anderem vor, dass Händler, bei denen Verdacht auf ansteckende Krankheiten besteht, keine Nahrungsmittel verkaufen durften. Pestkranken wurde ein Kontakt zu anderen Menschen untersagt. Selbst Gesunden war es phasenweise verboten, in Kirchen, auf Märkte und auf Feste zu gehen. Dies musste die Angst steigern – egal wie groß die tatsächliche gesundheitliche Bedrohung war. Gleichzeitig führten Seuchen zur Ausgrenzung gesellschaftlich wenig geachteter Menschen, wie Obdachlosen, Prostituierten, Fremden und der jüdischen Bevölkerung. Reisenden wurde häufig der Zutritt zur Stadt verwehrt.

Überall verschwor sich die Gesellschaft gegen Kranke. Wer Symptome irgendeiner Pest aufwies, konnte nicht auf Mitleid oder gar Hilfe hoffen. Vor allem, wenn er zugleich arm und bedürftig war. Schon 1654 hatte es geheißen, die sich unvermeidlich vermehrenden Armen seien „greuliche Gespenster, die die Besitzenden um ihre wohlverdiente Ruhe bringen, die Fröhlichkeit der Familien beeinträchtigen und die öffentliche Ruhe zunichtemachen." Man müsse „die Schreie dieser Elenden ersticken, die die friedfertigen

Bürger bis in ihre Häuser verfolgen und die sich in verbrecherischen Bewegungen vereinigen."[230] Armut, Bettelei und Verbrechen waren synonym. „Seit dem Befehl gegeben wurde, die Armen einzusperren, atmen wir hier auf."[231]

Barmherzige Auslöschung?

Die Aufbauschung oder gar Inszenierung von Seuchen ist keine abwegige „Verschwörungstheorie". Den Masterplan hat der Geistliche und Ökonom Thomas Robert Malthus (1766-1834) 1826 verfasst: „Wir sollten die Vorgänge der Natur, die diese Sterblichkeit hervorbringen, erleichtern, anstatt uns töricht und vergeblich zu bemühen, sie zu behindern; und wenn wir die zu häufige Heimsuchung durch die schreckliche Form des Hungers fürchten, sollten wir die anderen Formen der Zerstörung, zu denen wir die Natur zwingen, eifrig fördern. In unseren Städten sollten wir die Straßen enger machen, mehr Menschen in die Häuser drängen und die Rückkehr der Pest fördern."[232]

Tatsächlich war es dann nicht die Pest, sondern vor allem die Cholera und der Typhus, die die europäischen Großstädte im 19. Jahrhundert zu Hotspots von Seuchen werden ließ. Epidemische Brechdurchfälle lösten die an der Haut sichtbaren Übel ab. Krankmachende Lebensbedingungen, die Infektions- und Mangelkrankheiten ermöglichten, waren kein Betriebsunfall des industriellen Turbokapitalismus, sondern durchaus Kalkül. 1882 bestätigte der Historiker Robert Höniger, „in dieser Welt wird nichts leichter verschmerzt und rascher ersetzt, als der auch noch so bedeutende Verlust an Menschenmaterial."[233] Die menschenverachtenden Thesen des Thomas Malthus erreichten in fünf Auflagen die Herrschenden und waren 30

Jahre lang Lehrstoff für die Studenten an der East India Company University.

Zur gleichen Zeit bemühte sich der Hamburger Sozialreformer Caspar Voght (1752-1839) um Lösungen für das wachsende Armutsproblem. Trotz Erfolgen in seiner Heimatstadt und Konzepten für mehrere andere europäische Städte, hat sich das kalte ökonomische Denken des Thomas Malthus mit seiner „Verrechnung von Menschen" durchgesetzt. Als es 1892 zur letzten großen Cholera-Epidemie in Deutschland kam, waren die Lebensbedingungen im Hamburger Gängeviertel genauso wie es Malthus gefordert hatte: in immerfeuchten Kellerräumen lebten und schliefen bis zu sechzig Menschen. Selbst als täglich 500 Tote zu beklagen waren, reagierten die Hamburger Behörden nicht. Bei ungebremstem Zustrom von Menschen in die Großstädte waren diese Wellen der „Bevölkerungsreduktion" in den Unterschichten erwünscht. Als in Hamburg abgekochtes Trinkwasser ausgegeben wurde, ging die Epidemie zu Ende. Das benachbarte, zu Preußen gehörige Altona blieb verschont, weil es seit Jahren über eine Filteranlage für Trinkwasser verfügte.

Bis zum 17. Jahrhundert belief sich die Bevölkerung Europas auf nie mehr als etwa 100 Millionen. Im 18. Jahrhundert verdoppelte sich die Zahl der Menschen jedoch fast auf 180 Millionen und im 19. Jahrhundert drohte eine noch massivere Expansion. Das Wissen um einfache Methoden der Familienplanung war mit den weisen Frauen und Hebammen alter Schule ausgerottet worden. Nach den zahllosen Gefechten mit Napoleon war ein weiterer großer Krieg keine Option mehr; also mussten es wohl Seuchen richten.

Transhumanistisches Gedankengut ist seither nie aus den Lehrplänen von Schulen und Studiengängen, sowie Leitlinien internationaler Organisationen verschwunden.[234] Selbst Bertrand Russell (1872-1970), der einflussreichste Philosoph in der ersten Hälfte des 20. Jahrhunderts und Schriftsteller wie D.H. Lawrence (1885-1930) oder George Bernard Shaw (1856-1950) befeuerten die Panik der Überbevölkerung.[235] Bevölkerungsbegrenzung war eine Fixposition im Denken der angloamerikanischen Eliten.

Es gab also sehr wohl eine Ideologie hinter den „Bevölkerungsreduktionen" durch Kreuzzüge, Kriege und Seuchen. Natürlich haben sich die Herrschenden fast immer davor gehütet, dies zu verlautbaren. Die Einschätzungen des Schriftstellers und Propagandisten der britischen Regierung H.G. Wells (1866-1946) bestätigen dies im Nachhinein. Er sieht den „extravaganten Schwarm von Neugeborenen" als „die wesentliche Katastrophe des neunzehnten Jahrhunderts".[236]

Nicht Krieg oder Hunger und bittere Armut, sondern das Bevölkerungswachstum bedrohte aus Sicht der Herrschenden das gewünschte Gesellschaftsgefüge. „Lasterhafte, hilflose und arme Massen" hätten sich mit den Eisenbahnsystemen ausgebreitet und stellten als Bestandteil der Industrialisierung die Abfallprodukte eines gesunden Organismus dar. Für diese „großen nutzlosen Menschenmassen" prägte Wells den Begriff „Volk des Abgrunds" und prophezeite: „die Nation, die ihr Volk des Abgrunds am entschlossensten herauspickt, erzieht, sterilisiert, exportiert oder vergiftet", den Vormarsch antreten wird.[237]

Was Seuchen verhindern kann

War das Sterben und Leiden durch die Seuchen schicksalhaft und unvermeidlich? Keineswegs. In Bristol gab es zeitgleich zur großen Londoner Pest von 1665 ebenfalls einen Seuchenausbruch, allerdings mit 100fach niedrigerer Sterblichkeit.[238] Bei vergleichbarer Immunitätslage der Bevölkerung gegen den immer wiederkehrenden Erreger, muss es an der Sozialstruktur oder den Maßnahmen gelegen haben. Obwohl der Anteil von Bettlern und Tagelöhnern sicher geringer war als in London, lebten doch auch in Bristol genügend arme Menschen, die einer städtischen oder privaten Unterstützung bedurften.

Entscheidend war, dass die Stadtoberen den Vermögenden die Flucht aufs Land untersagten. Die Sozialstruktur der Stadt blieb damit erhalten. Als direkte Konsequenz kam es hierdurch nicht zum Absturz der Ärmsten, da deren Geldgeber vor Ort blieben und sich dem Dienst an der Gemeinschaft nicht entsagen konnten. Je mehr finanziell leistungsfähige Menschen anwesend waren, desto leichter wurden Missstände vermieden oder beseitigt.

Maßgeblich war die Versorgung Erkrankter. Während in London alle Verdachtsfälle für einen Monat unter Bewachung in ihrem Haus interniert wurden, transportierte man sie in Bristol in ein Pesthaus außerhalb der Stadtmauern. Dort wurden sie einerseits isoliert, um eine Ausbreitung der Infektion zu verhindern, andererseits medizinisch betreut und ordentlich versorgt. Der Magistrat wendete für das Pesthaus pro Monat den Gegenwert von etwa 40 Jahreslöhnen eines Arbeiters auf. Das war so viel wie für alle anderen sozialen Aufgaben zusammen. Darüber hinaus sorgte man für eine organisierte Quarantäne mit Kontrolle der Warenbewegungen anstelle eines Lockdowns.

Es war also keineswegs der Krankheitserreger, der von Parasiten verbreitet, in europäischen Städten für Leichenberge sorgte. Die soziale Desintegration machte den „Schwarzen Tod" zum Inbegriff des grausamen Sterbens. In einer regelrechten Todesspirale beförderte die Furcht vor Ansteckung die Fluchtbewegungen der Oberschicht und zahlreicher wichtiger Player im Gemeinwesen. Wirtschafts- und Sozialleben kamen zum Erliegen. Schlimm wurde es erst mit der Destabilisierung der Gesellschaft sowie der Aufgabe von Moral und Barmherzigkeit.

Dies hatte man in Augsburg bereits 1438 erkannt. Ratsherren und Bürgermeister durften sich von da an ihren Amtspflichten in Pestzeiten nicht einfach für längere Zeit durch Flucht entziehen. In einer Stadt, in der nur Hilflose und Arme zurückblieben, wurden viele Menschen in Hunger und Verwahrlosung getrieben. Wenn dann noch die sozialen Aufgaben vernachlässigt und Kranke ohne Lebensmittelversorgung in ihren Häusern isoliert wurden, war eine Katastrophe vorprogrammiert. Anderswo kam erst mit dem Einzug des Protestantismus und dem Ruf nach Eigenverantwortung Kritik an der Flucht bei Pestepidemien auf.

Die Quintessenz der Seuchengeschichte

Nicht Krankheitserreger lassen Epidemien zu Tragödien werden. Es sind die sozialen Umstände und die Maßnahmen. Das gilt bis zur aktuellen Pandemie-Inszenierung der Jahre 2020-22. Selbst die für die weltweite Seuchenillusion zuständige WHO musste nach zwei Jahren eingestehen, von vermeintlich 15 Millionen „Covid-Toten" wären 9 Millionen den Maßnahmen und 6 Millionen dem inkriminierten Coronavirus zuzuschreiben.[239] Die Relation ist allerdings noch weit verheerender, da über 90% der angeblichen Covid-Opfer lediglich mit einem positiven PCR-Test, jedoch nicht *an* der Atemwegserkrankung verstorben sind.[240] Die reale Opferzahl lag bei bestenfalls 500.000 in 2 Jahren oder 0,6%. Wie seinerzeit in Bristol! Angesichts von jährlich 80 Millionen Sterbefällen weltweit, alles andere als auffällig.

Ein unbefangener Blick auf frühere Seuchenereignisse bestätigt, wie tödlich Maßnahmen und wie manipuliert Opferzahlen waren. Die vermeintliche „Ebola"-Epidemie 2014 in Guinea blieb trotz weltweiter Personen- und Warenbewegungen merkwürdig regional begrenzt. Schon damals generierte ein PCR-Test die angebliche Epidemie.[241] Wer eine bisher der dort endemischen Malaria zugeordnete Symptomatik zeigte, wurde nicht auf Malaria getestet, sondern auf Ebola. War er positiv, obwohl dieser Test kein intaktes Virus, sondern nur ein Genschnipsel nachweist, galt der Kranke als „Ebola-Patient". Entsprechend verschwand die Malaria wie 2020 die Influenza. Alle Kranken mit Brechdurchfall und vielleicht Hautblutungen hatten: Ebola!

Man hat aus den zahlreichen Seuchenereignissen nichts gelernt oder nichts lernen wollen. Sonst wären ab 2020 weltweit nicht erneut bekannt nutzlose, die Krankheiten befeuernde Maßnahmen verordnet worden: häusliche Internierungen, Einstellung des Soziallebens, Ladenschließungen, Berufsverbote, Masken und Impfungen. Wenige regionale Abweichler bestätigten, wie kontraproduktiv all diese Vorgehensweisen sind. Epidemien lassen sich damit kaum begrenzen.

Das hätten wir aber aus der Vergangenheit wissen können und müssen. Schon im 19. Jahrhundert gestand eine Seuchenkommission zur Eindämmung der Cholera in Ostpreußen ein, dass sich „Angst und Besorgnis als vorzügliche Beförderungsmittel der Krankheit erwiesen" hätten.[242]

Die Ursache einer Epidemie liegt weniger in der menschlichen Biologie, als in den Lebensbedingungen. Wenn Krankheitswellen nicht in der Resistenz der Überlebenden erstickten, waren es Hygienemaßnahmen, die dem Leiden ein Ende setzten. Impfungen und Antibiotika konnten nirgendwo epidemische Notlagen aufheben. Hätte man die Erstbeschreibung des Cholerabakteriums durch den italienischen Anatomen Filippo Pacini (1812-83) bereits 1854 ernst genommen, wäre keine der nachfolgenden Epidemien ausgeblieben. Selbst 1884 hatte die Wiederentdeckung in Robert Kochs Labor keinen Einfluss auf die nachfolgende Hamburger Cholera-Epidemie von 1892. Die Epidemie war zu Ende, als an die Bevölkerung, der es an Holz fehlte, abgekochtes Trinkwasser ausgegeben wurde.

Die großstädtischen Brechdurchfälle endeten in Europa in der ersten Hälfte des 20. Jahrhunderts, als überall die Fäkalienbelastung des Trinkwassers beseitigt war. Masken oder Medikamente, soziale Distanzierung oder Quarantäne waren wirkungsloser Aktionismus. Max von Pettenkofer (1818-1901) hatte mit seinen Hygieneforderungen Recht, obwohl er die Anhäufung bedenklicher Mikroben verkannte. Krankheitserreger verschwanden nie. Entweder waren die Menschen resistent geworden oder sie hatten die Umwelt saniert. Im Falle der gefühlten „Corona"-Epidemie brachte der Verzicht auf PCR-Tests das Ende. Diese hatten alleine überhöhte Krankheitszahlen simuliert, die es nirgendwo gab.

Vor lauter Pandemie-Gerede ist ganz aus dem Blickfeld geraten: es hat nie weltweite Seuchen gegeben und es kann sie auch gar nicht geben. Jedenfalls nicht, solange viele Menschen unter gesunden Bedingungen leben und sich keine gesundheitsschädlichen Maßnahmen aufzwingen lassen. Seuchen drohen in Zukunft vielleicht, wenn Menschen durch Injektionen giftiger Substanzen ihre natürlichen Abwehrkräfte einbüßen.

Kein Mensch oder Tier kann einen Killerkeim einschleppen und dadurch eine Krankheitswelle auslösen. Der Patient 0 ist eine Erfindung der Pandemie-Ideologen. Epidemien sind immer hausgemacht durch katastrophale Lebensbedingungen. Menschen brauchen einfach saubere Luft, sauberes Wasser und gesunde Nahrungsmittel.

Dies ist die Quintessenz der Seuchengeschichte.

Was hat sich nachweislich bewährt, um bei Seuchen die Zahl der Kranken und Toten gering zu halten?

1. Den Angstfaktor klein halten.
   Die Verantwortlichen müssen alles tun, um den Stresslevel der Bevölkerung zu minimieren. Das beinhaltet vor allem eine transparente, wahrheitsgemäße Kommunikation und eine jederzeit deutliche Fürsorge anstelle von Verboten und Strafen. Tests und Monitoring bei asymptomatischen Personen tragen nur zur Verunsicherung bei.

2. Zwischenmenschliche Solidarität statt Lockdowns.
   Infektionen erfolgen ganz überwiegend in der häuslichen Umgebung und nicht im Sozialleben. Lockdowns des gesellschaftlichen Lebens sind kontraproduktiv und vergrößern die Schäden einer Epidemie. Beschränkungen des Waren- und Personenverkehrs machen nur Sinn, wenn tatsächlich eine hohe Infektiosität besteht. Altbewährte Hygienemaßnahmen reichen aus.

3. Gesellschaftliches Miteinander statt Isolation.
   Nur bei wirklich infektiösen Krankheiten müssen Betroffene frühzeitig erkannt, isoliert, aber versorgt werden. Eigene Baulichkeiten sind für eine Quarantäne besser geeignet als isolierte Abteilungen. Absonderung und Flucht von Bewohnern verschlimmert die Zustände. Nachbarschaftshilfe statt einer Armada von Ordnungskräften ist das Gebot eines Ausnahmezustands.

4. Hygiene.
   Einhaltung oder Wiederherstellung reinlicher Zustände durch Beseitigung von Unrat und Fäkalien im öffentlichen Raum. Sicherstellung von unkontaminiertem Wasser und Lebensmitteln. Keine Desinfektionsorgien mit giftigen Substanzen.
5. Vermeiden einer Stigmatisierung Kranker.
6. Verzicht auf Schuldzuweisungen und Diffamierungen.
7. Empathische Pflege.
   Kranke brauchen eine gute Versorgung, statt therapeutischer Experimente, medizinischer Rosskuren oder Impfungen.
8. Uneigennützige Hilfe.
   Soziale Akteure, die Seuchen als machtpolitische Instrumente und Hebel zur Wohlstandsumverteilung missbrauchen, dürfen keinen Stellenwert beim Management einer Epidemie bekommen.

Literatur

1 Bergdolt K: Petrarca und die Pest. Sudhoffs Archiv 1992; 76(1):63-73

2 Santa-Maria F de: Historia das sagradas congregacoes des conegos seculares de S. Jorgeem alga de Venesa e de S. Joao evangelista en Portugal. S. 270ff.; Lissabon 1677; zitiert nach: Delumeau J: Angst im Abendland. Die Geschichte kollektiver Ängste im Europa des 14. bis 18. Jahrhunderts. S. 160; Rowohlt; Reinbek bei Hamburg 1985

3 Höniger R: Der Schwarze Tod in Deutschland. S. 5; Eugen Grosser; Berlin 1882

4 Santa-Maria F de: Historia das sagradas congregacoes des conegos seculares de S. Jorgeem alga de Venesa e de S. Joao evangelista en Portugal. S. 270ff.; Lissabon 1677; zitiert nach: Delumeau J: Angst im Abendland. Die Geschichte kollektiver Ängste im Europa des 14. bis 18. Jahrhunderts. S. 160; Rowohlt; Reinbek bei Hamburg 1985

5 Leven KH: Thukydides und die „Pest" in Athen. Medizinhistorisches Journal 1991; 26(1/2):128-60

6 Winkle S: Geißeln der Menschheit. Kulturgeschichte der Seuchen. S. 432; Artemis & Winkler; Düsseldorf 1997

7 Hardouin J: Prolegomena zu einer Kritik der antiken Schriften. 2. Auflage; Books on Demand; Norderstedt 2021

8 Newton I: The Chronology of Ancient Kingdoms Amended. J Tonson, J Osborn & T. Longman; London 1728

9 Rothwangl S: Endzeit, Die Geschichte der christlichen Zeitrechnung. Innsalz; Munderfing 2015

10 http://opac.regesta-imperii.de/lang_en/anzeige.php?sammelwerk=F%C3%A4lschungen+im+Mittelalter

11 zitiert nach: Schulz M: Schwindel im Skriptorium. Der Spiegel 29/1988

12 Lorenz O (1832-1904); zitiert nach: Höniger R: Der Schwarze Tod in Deutschland. S. 4; Eugen Grosser; Berlin 1882

13 Höniger R: Der Schwarze Tod in Deutschland. S. 120ff.; Eugen Grosser; Berlin 1882

14 Höniger R: Der Schwarze Tod in Deutschland. S. 5; Eugen Grosser; Berlin 1882

15 Sticker G: Abhandlungen aus der Seuchengeschichte und Seuchenlehre. Band 1: Die Pest. Alfred Töpelmann; Gießen 1908

16 Roosen J, Curtis DR: Dangers of Noncritical Use of Historical Plague Data. Emerg Infect Dis 2018; 24(1):103-10

[17] Carmichael AG: Plague and the Poor in Renaissance Florence. Cambridge University Press; Cambridge 1986

[18] The National Archives. https://cdn.nationalarchives.gov.uk/documents/education/plague.pdf

[19] Slack P: The Impact of Plague in Tudor and Stuart England. Routledge; Milton Park Oxfordshire 1985

[20] Coburger D: Gegen Unflätherey und Gestank. In: Suhler Verlagsgesellschaft (Hrsg.): Die neuen Saalfische. S. 167f.; Suhl 1996

[21] Herlihy D: Der schwarze Tod und die Verwandlung Europas. S. 10; Wagenbach; Berlin 2007

[22] Hecker JFC : Der schwarze Tod im vierzehnten Jahrhundert. Friedrich August Herbig; Berlin 1832

[23] Herlihy D: Der schwarze Tod und die Verwandlung Europas. S. 50; Wagenbach; Berlin 2007

[24] Jahn J: Augsburgs Einwohnerzahl im 16. Jahrhundert. in: Zeitschrift für Bayerische Landesgeschichte 1976; 39:379–96

[25] Höniger R: Der Schwarze Tod in Deutschland. S. 94; Eugen Grosser; Berlin 1882

[26] Höniger R: Der Schwarze Tod in Deutschland. S. 97; Eugen Grosser; Berlin 1882

[27] Jefferson T, Ferroni E: The Spanish Influenza Pandemic seen through the BMJ's eyes: obeservations and unanswered questions. BMJ 2009; 339:b5313; https://www.bmj.com/content/339/bmj.b5313

[28] Bianucci R, Kacki S: The Archaeology of the Second Plague Pandemic: An Overview of French Funerary Contexts. in: Benedictow O et al. (Hrsg.): History of the Plague. RCC Perspectives Band 3: Sickness, Hunger, War and Religion: Multidisciplinary Perspectives 2012:63-74

[29] Leven KH: Krankheiten: historische Deutung versus retrospektive Diagnose. in: Paul N, Schlich T (Hrsg.): Medizingeschichte: Aufgaben. Probleme. Perspektiven. S. 153–85; Campus; Frankfurt a.M. 1998

[30] Arrizabalaga J: Problematizing retrospective diagnosis in the history of disease. Asclepio 2002; 54:51–70

[31] J. Roth: Das falsche Gewicht. KiWi; Köln 2005

32 Schmid BV et al.: Source code and datasets used to link new waves of plague outbreaks in medieval Europe to climate fluctuations affecting the reservoirs of the disease in Asia. https://zenodo.org/record/14973#.Y8cECO2ZPcc

33 White LA, Mordechai L: Modeling the Justinianic Plague: Comparing hypothesized transmission routes. PLoS ONE 15,4; e0231256

34 Fößel A: Der „Schwarze Tod" in Franken 1348-1350. in: Mitteilungen des Vereins für Geschichte der Stadt Nürnberg 1987; 74:1-75

35 Höniger R: Der Schwarze Tod in Deutschland. S. 31; Eugen Grosser; Berlin 1882

36 Durliat J: La peste du VIe siècle, pour un nouvel examen des sources byzantines. in: C. Morrisson C, Lefort J (Hrsg.): Hommes et richesses dans l'empire byzantin I, IVe–VIIe siècle. S. 107–120; Paris 1989

37 Delumeau J: Angst im Abendland. Die Geschichte kollektiver Ängste vom 14. bis 18. Jahrhundert. S. 142; Rowohlt; Reinbek bei Hamburg 1985

38 The National Archives. https://cdn.nationalarchives.gov.uk/documents/education/plague.pdf

39 Herlihy D: Der schwarze Tod und die Verwandlung Europas. S. 86; Wagenbach; Berlin 2007

40 Lawson J, Silver H: A social history of education in England. Routledge; Milton Park Oxfordshire 1973

41 Benedictow O: The Black Death 1346-1353. The Complete History. Boydell; Woodbridge 2004

42 Slack P: The Impact of Plague in Tudor and Stuart England. Routledge; Milton Park Oxfordshire 1985

43 Occo, Sayler, Tieffenbach, Talhauser: Was die Pestilentz an jr selbs sey. Philipp Ulhart; Augsburg 1535

44 Horanin M: Die Pest in Augsburg um 1500. Die soziale Konstruktion einer Krankheit. Dissertation; Göttingen 2019

45 Beard A (Hrsg.): Documents Relating to the Great Plague of 1665-1666 in Bristol. Bristol Resord Society 2021; https://archive.org/details/beardplague/page/n1/mode/2up

46 Friedreich N: Ueber den Typhus und die entzündungwidrige Methode dagegen. Joseph Stahel; Würzburg 1814

47 Vasold M: Die Ausbreitung des Schwarzen Todes in Deutschland nach 1348. Historische Zeitschrift 2003; 277:281-308

[48] Jefferson T, Ferroni E: The Spanish Influenza Pandemic seen through the BMJ's eyes: observations and unanswered questions. BMJ 2009; 339:b5313; https://www.bmj.com/content/339/bmj.b5313

[49] World Health Organization (WHO), Geneva; https://www.who.int/news/item/05-05-2022-14.9-million-excess-deaths-were-associated-with-the-covid-19-pandemic-in-2020-and-2021

[50] Briese O: Angst in den Zeiten der Cholera. 4 Bde.; Akademie; Berlin 2003

[51] Carmichael AG: Plague and the Poor in Renaissance Florence. Cambridge University Press; Cambridge 1986

[52] Zitiert nach: Reuther G: Letzte Tage – verkannte und vertuschte Todesursachen berühmter Personen. S. 70; Engelsdorfer; Leipzig 2022

[53] Herlihy D: Der schwarze Tod und die Verwandlung Europas. S. 39ff.; Wagenbach; Berlin 2007

[54] Franzos KE: Das Kind der Sühne. 1876

[55] Bergdolt K: Der schwarze Tod in Europa. Die Große Pest und das Ende des Mittelalters. 4. Auflage; S.167; C.H. Beck; München 2000

[56] Bergdolt K: Der schwarze Tod in Europa. Die Große Pest und das Ende des Mittelalters. 4. Auflage; S.166; C.H. Beck; München 2000

[57] Seitz: Ain schoener Tractat von dem Saturnischen gschoß der Pestilentz. Otmar Silvan; Augsburg 1522

[58] Muurling S, Riswick T, Buzasi K: Die letzte landesweite Pockenepidemie in den Niederlanden: Infektionskrankheiten und soziale Ungleichheiten in Amsterdam 1870-1872. Sozialwissenschaftlichen Geschichte 2023; 47,2:189-216

[59] Delumeau J: Angst im Abendland. Die Geschichte kollektiver Ängste im Europa des 14. bis 18. Jahrhunderts. S. 162; Rowohlt; Reinbek bei Hamburg 1985

[60] Friedreich N: Ueber den Typhus und die entzündungwidrige Methode dagegen. Joseph Stahel; Würzburg 1814

[61] Reuther G: Letzte Tage – verkannte und vertuschte Todesursachen berühmter Personen. S. 67ff; Engelsdorfer; Leipzig 2022

[62] Bartsch K: Sagen, Märchen und Gebräuche aus Mecklenburg., Band 1; S.357; Wien 1879-80

[63] Taubenberger J et al.: Characterization of the 1918 influenza virus polymerase genes. Nature 2005; 437:889–93

[64] Howard-Jones N: Cholera Therapy in the Nineteenth Century. J Hist Med Allied Sci 1972; 27(4):373–95

65 Kortum CA: Leben, Meynungen und Thaten von Hieronimus Jobs dem Kandidaten, und wie er sich weiland viel Ruhm erwarb auch endlich als Nachtswächter zu Sulzburg starb. Philipp Heinrich Perrenon; Münster und Hamm (Westfalen) 1784

66 Goltz D: „Das ist eine fatale Geschichte für unsern medizinischen Verstand". Pathogenese und Therapie der Cholera um 1830. Med Hist J 1998; 33:211-44

67 Spangenberg C: Mansfeldische Chronica. Eisleben 1572

68 Howard-Jones N: Cholera Therapy in the Nineteenth Century. J Hist Med Allied Sci 1972; 27(4):373–95

69 Friedrich JB (Hrsg.): Dr. Nikolaus Friedreichs gesammelte medizinische Programme. S. 72; Joseph Stahel; Würzburg 1824

70 Friedrich JB (Hrsg.): Dr. Nikolaus Friedreichs gesammelte medizinische Programme. S. 77; Joseph Stahel; Würzburg 1824

71 Wagner R; in: Verbreitungsgeschichte der Cholera morbus III. Außerordentliche Beilage 192 zur AZ; Nr 321 vom 17.11.1839

72 Winkle S: Geißeln der Menschheit. Kulturgeschichte der Seuchen. S. 222ff.; Artemis & Winkler; Düsseldorf/Zürich 1997

73 Köhler D, Voshaar T: Kant, Popper und die invasive Beatmung. Cicero 8.11.2021; https://www.cicero.de/innenpolitik/covid-patienten-kant-popper-und-die-invasive-beatmung

74 Friedrich JB (Hrsg.): Dr. Nikolaus Friedreichs gesammelte medizinische Programme. Joseph Stahel; Würzburg 1824

75 Jütte R: Geschichte der Alternativen Medizin. Von der Volksmedizin zu den unkonventionellen Therapien von heute. S. 217; C.H. Beck; München 1996

76 Bleuler PE: Das autistisch-undisziplinierte Denken in der Medizin und seine Überwindung. 2. Auflage; S. 19; Springer; Berlin/Heidelberg 1921

77 Leslie S, Lee S (Ed.): Nightingale, Florence. Dictionary of National Biography (2nd supplement). Smith, Elder & Co.; London 1909

78 Mittwoch E: Die älteste Influenza-Epidemie in Persien und Mesopotamien (i.J. 855 n.Chr.). Berliner klein Wochenschr 1913

79 Joinville J: Histoire de Louis IX. S 324; Hachette; Paris 1861

80 Kegler C: Ein nutzlichs Und tröstlichs Regiment wider die Pestilentz, und gifftig pestilentzisch Feber, die schweissucht genant, Und sonst mancherley gifftig und tödlich kranckheit. Günter; Leipzig 1553

81 Flamm H: Anno 1529 – der „Englische Schweiß" in Wien, die Türken um Wien. Wien Med Wochenschr 2020; 170(3):59–70

[82] Winkle S: Geißeln der Menschheit. Kulturgeschichte der Seuchen. S. 1021ff.; Artemis & Winkler; Düsseldorf/Zürich 1997

[83] Gruner CG: Scriptores de Sudore Anglico superstites. Friedrich Mauk; Jena 1847

[84] Flamm H: Anno 1529 – der „Englische Schweiß“ in Wien, die Türken um Wien. Wien Med Wochenschr 2020; 170(3):59–70

[85] Winkle S: Geißeln der Menschheit. Kulturgeschichte der Seuchen. S. 1021; Artemis & Winkler; Düsseldorf/Zürich 1997

[86] Senf H: Ein kartographischer Beitrag zur Geschichte des Englischen Schweißes. Kyklos Jahrb Gesch Med 1930; 3:283–91

[87] Martin Luthers Briefwechsel. Bearbeitet und mit Erläuterungen versehen von Ernst Ludwig Enders. Band VII; S. 153; Verein für Reformationsgeschichte; Frankfurt am Main/Calw /Stuttgart/Leipzig 1884

[88] Kühnel H: Grosse Seuchen des Mittelalters und der frühen Neuzeit. S. 407–22; Niederösterreichisches Landesmuseum; Wien 1991

[89] Winkle S: Geißeln der Menschheit. Kulturgeschichte der Seuchen. S. 1031; Artemis & Winkler; Düsseldorf/Zürich 1997

[90] Hahnemann S: Ueber die Arsenikvergiftung ihre Hülfe und gerichtliche Ausmittelung. Crusius, Leipzig 1786

[91] Winkle S: Geißeln der Menschheit. Kulturgeschichte der Seuchen. S. 1013ff.; Artemis & Winkler; Düsseldorf/Zürich 1997

[92] Reuther G: Letzte Tage – verkannte und vertuschte Todesursachen berühmter Personen. S. 42ff.; Engelsdorfer; Leipzig 2022

[93] Zitiert nach: Winkle S: Geißeln der Menschheit. Kulturgeschichte der Seuchen. S. 1041; Artemis & Winkler; Düsseldorf/Zürich 1997

[94] Witte W: Pandemie ohne Drama. Die Grippeschutzimpfung zur Zeit der Asiatischen Grippe in Deutschland. Medizinhistorisches Journal 2013; 48:34-66

[95] Taubenberger J et al.: Characterization of the 1918 influenza virus polymerase genes. Nature 2005; 437:889–93

[96] MacBean E: The poisoned needle. Health Research; Pomeroy 1957; https://1796web.com/pdfs/The-Poisoned-Needle.pdf

[97] Children’s Health Defense, Franklin Lakes; https://www.ageofautism.com/2018/11/the-age-of-polio-explosion.html?utm_source=feedburner&utm_medium=feed&utm_campaign=Feed%3A+ageofautism+%28AGE+OF+AUTISM%29

98 Taubenberger J et al.: Characterization of the 1918 influenza virus polymerase genes. Nature 2005; 437:889–93

99 Jefferson T, Ferroni E: The Spanish Influenza Pandemic seen through the BMJ's eyes: obeservations and unanswered questions. BMJ 2009; 339:b5313; https://www.bmj.com/content/339/bmj.b5313

100 Schedel A, Keil G: Der Blick in den Menschen. Wilhelm Conrad Röntgen und seine Zeit. Urban & Schwarzenberg; München 1995

101 https://www.suedostschweiz.ch/leserbriefe/2021-08-02/altbewaehrtes-gesundheitswissen

102 Witte W: Pandemie ohne Drama. Die Grippeschutzimpfung zur Zeit der Asiatischen Grippe in Deutschland. Medizinhistorisches Journal 2013; 48:34-66

103 Witte W: Pandemie ohne Drama. Die Grippeschutzimpfung zur Zeit der Asiatischen Grippe in Deutschland. Medizinhistorisches Journal 2013; 48:34-66

104 Schreyer P: Chronik einer angekündigten Krise. Wie ein Virus die Welt verändern könnte. Westend; Frankfurt/Main 2020

105 Engelbrecht T, Köhnlein C: Die Medikamenten-Tragödie. Rubikon 2020; https://www.rubikon.news/artikel/die-medikamenten-tragodie

106 Initiative Qualitätsmedizin: Effekte der SARS-CoV-2 Pandemie auf die stationäre Versorgung im ersten Halbjahr 2020. https://www.initiative-qualitaetsmedizin.de/effekte-der-sars-cov-2-pandemie-auf-die-stationaere-versorgung-im-ersten-halbjahr-2020?

107 Weltgesundheitsorganisation (WHO), Genf; in: Barth-Engelbart H: Corona machts möglich: Hurrah, die Grippe ist ausgerottet! http://www.barth-engelbart.de/?p=225299

108 Initiative Qualitätsmedizin: Effekte der SARS-CoV-2 Pandemie auf die stationäre Versorgung im ersten Halbjahr 2020. https://www.initiative-qualitaetsmedizin.de/effekte-der-sars-cov-2-pandemie-auf-die-stationaere-versorgung-im-ersten-halbjahr-2020?

109 Winkle S: Geißeln der Menschheit. Kulturgeschichte der Seuchen. S. 22f.; Artemis & Winkler; Düsseldorf/Zürich 1997

110 Luther M: Ob man vor dem sterben fliehen möge. Wittenberg 1527

111 Herlihy D: Der schwarze Tod und die Verwandlung Europas. S. 19; Wagenbach; Berlin 2007

112 Benedict C: Bubonic Plague in Nineteenth-Century China. Stanford University Press; Stanford 1996

[113] Herlihy D: Der schwarze Tod und die Verwandlung Europas. S. 27; Wagenbach; Berlin 2007

[114] Barker H: Laying the Corpses to Rest. Grain, embargoes and Yersinia Pestis in the Black Sea, 1346-8. Speculum 2021; 96(1):97–126

[115] Krause J, Trappe T: Die Reise unserer Gene. Eine Geschichte über uns und unsere Vorfahren. 7. Auflage; Propyläen; Berlin 2019

[116] Augustin K: Sovil ich hab koennen erfarn/ In bewehrten Cronicken gut. in: Christliche Erinnerung; Harms Flugblätter Bd. 1 Nr. 236; Johannes Schultes; Augsburg 1629

[117] Duft J: „Kostbar ist der Tod“: Tröstliche Geschichten vom Sterben im mittelalterlichen Galluskloster. Verlag am Klosterhof; St. Gallen 2002

[118] Die Pest in Chemnitz. www.Chemnitz-Gestern-Heute.de

[119] Vasold M:. Pest, Not und schwere Plagen. Seuchen und Epidemien vom Mittelalter bis heute. S. 38; C.H. Beck; München 1991

[120] Bois G: The Crisis of Feudalism: Economy and Society in Eastern Normandy c. 1300-1550. Cambridge University Press; Cambridge 1984

[121] Herlihy D: Der schwarze Tod und die Verwandlung Europas. S. 29; Wagenbach; Berlin 2007

[122] Morin C: Traité de la peste. Paris 1610

[123] Baker BJ et al.: Advancing the understanding of treponemal disease in the past and present. Yearbook Phys Anthropol. 2020; 171(Suppl. 70):5–41

[124] Bloch I: Der Ursprung der Syphilis. Eine medizinische und kulturgeschichtliche Untersuchung. S. 169ff. Gustav Fischer; Jena 1901

[125] Bloch I: Der Ursprung der Syphilis. Eine medizinische und kulturgeschichtliche Untersuchung. S. 174ff.; Gustav Fischer; Jena 1901

[126] Bloch I: Der Ursprung der Syphilis. Eine medizinische und kulturgeschichtliche Untersuchung. S. 147; Gustav Fischer; Jena 1901

[127] Winkle S: Geißeln der Menschheit. Kulturgeschichte der Seuchen. S. 516ff.; Artemis & Winkler; Düsseldorf/Zürich 1997

[128] Stein C: Franzosenkrankheit. S. 11-28; Franz Steiner; Stuttgart 2003

[129] Oriel JD: Eminent venereologists. 3. Philippe Ricord. Genitourin Med 1989; 65:388-93

[130] Reuther G: Letzte Tage – verkannte und vertuschte Todesursachen berühmter Personen. S. 180ff; Engelsdorfer; Leipzig 2022

[131] Winkle S: Geißeln der Menschheit. Kulturgeschichte der Seuchen. S. 878; Artemis & Winkler; Düsseldorf/Zürich 1997

132 Wustmann G: Zur Geschichte der sprichwörtlichen Redensarten. S. 34; Leipzig 1895

133 Winkle S: Geißeln der Menschheit. Kulturgeschichte der Seuchen. S. 853; Artemis & Winkler; Düsseldorf/Zürich 1997

134 Brunton, DC: Pox Britannica: Smallpox Inoculation in Britain, 1721-1830. Penn Dissertations 1990

135 Winkle S: Geißeln der Menschheit. Kulturgeschichte der Seuchen. S. 868ff.; Artemis & Winkler, Düsseldorf/Zürich 1997

136 Haygarth J: An Inquiry How to Prevent the Small-Pox. And Proceedings of a Society for Promoting General Inoculation at Stated Periods, and Preventing the Natural Small-Pox in Chester. J Johnson; London 1784

137 Boylston A: John Haygarth's 18th-century 'rules of prevention' for eradicating smallpox. J R Soc Med 2014; 107(12):494-9

138 Boylston A: John Haygarth's 18th-century 'rules of prevention' for eradicating smallpox. J R Soc Med 2014; 107(12):494–9

139 Haygarth J: A Sketch of a Plan to Exterminate the Casual Smallpox from Great Britain; and to Introduce General Inoculation: To which is Added, a Correspondence on the Nature of Variolous Contagion. J Johnson, London 1793

140 Langrudi NK: Der weltbekannte „Pate" der Impftheorie sagt: Impfungen schützen nicht. Impuls 2020; 18:35-8

141 McVail J: Half a century of smallpox and vaccination. Livingstone; Edinburgh 1919

142 Wallace AR: The Wonderful Century. Kessinger; Whitefish (Montana) 2006

143 Murphy BD: Exposed! 5 Historical Scandals that prove the Fraud of Vaccinations. Wakeupworld.com; https://wakeup-world.com/2016/10/29/exposed-5-historical-scandals-that-prov-the-fraud-of-medical-vaccination/

144 Hardy A: Smallpox in London: Factors in the Decline of the Disease in the Nineteenth Century. Med History 1983; 27:111-38

145 Fraser SMF: Leicester and Smallpox: The Leicester Method. Med History 1980; 24:315-32

146 Hardy A: Smallpox in London: Factors in the Decline of the Disease in the Nineteenth Century. Med History 1983; 27:111-38

147 https://www.statista.com/statistics/1107397/smallpox-death-rate-britain-historical/

148 Winkle S, Salchow VA: Über die Krise der Pockenschutzimpfung mit besonderer Berücksichtigung der zerebralen Impfkomplikationen. Dtsch Med Woch 1956; 81:221-6

149 Luksch F: Blatternimpfung und Encephalitis. Med Klin 1924; 20:1170

150 Meyer C et al.: Anerkannte Impfschäden in der Bundesrepublik Deutschland 1990-1999. Bundesgesundheitsbl Gesundheitsforsch – Gesundheitsschutz 2002; 45:364-70

151 Pockenimpfung. Tödlicher Schutz. Der Spiegel 1967; 15:182-3

152 STIKO-Protokolle 1972-73

153 Sauvages FBC de: Pathologia methodica, seu de cognoscendis morbis. Lyon, 1759

154 Merrell DS et al.: Host-induced epidemic spread of the cholera bacterium. Nature 2002; 417:6425

155 Alam A et al.: Hyperinfectivity of Human-Passaged Vibrio cholerae Can Be Modeled by Growth in the Infant Mouse. Infect Immun 2005; 73(10):6674–9

156 Merrell DS et al.: Host-induced epidemic spread of the cholera bacterium. Nature 2002; 417:6425

157 Burdach KF: Rückblick auf mein Leben. Selbstbiographie. 4. Kapitel; Leopold Voß; Leipzig 1848

158 Pfeufer, Karl von: Bericht über die Cholera-Epidemie in Mittenwald. S. 13; München 1837

159 Bericht des Gesundheitsrates Kalkutta: Mittheylungen über die Morgenländische Brechruhr I. in: Magazin für die ausländische Literatur der gesammten Heilkunde; S. 52; 1821

160 Motschmann A: Ein Blick in die Geschichte: über Seuchen am Obermain. Obermain-Tagblatt vom 5.4.2020

161 Snow J: On the Mode of Communication of Cholera. John Churchill; London 1849

162 Dettke B: Die asiatische Hydra. Die Cholera von 1830/31 in Berlin und den preußischen Provinzen Posen, Preußen und Schlesien. S. 208ff.; De Gruyter; Berlin 1995

163 Heine H: Französische Zustände. Augsburger Allgemeine Zeitung 1832

164 Herlihy D: Der schwarze Tod und die Verwandlung Europas. S. 27; Wagenbach; Berlin 2007

165 Jenner W: On the Identity or Non-identity of the specific cause of Typhoid, Typhus, and Relapsing Fever. Med Chir Trans 1850; 33:23-42

166 Beck K: Die Typhus-Epidemie von 1884. https://www.stadt-zuerich.ch/prd/de/index/stadtarchiv/bilder_u_texte/Typhus-Epidemie-1884.html

167 Reuther G: Letzte Tage – verkannte und vertuschte Todesursachen berühmter Personen. Engelsdorfer; Leipzig 2022

168 Pfeufer, Karl von: Bericht über die Cholera-Epidemie in Mittenwald. München 1837

169 Kälin A: „Die Cholera ist der schlimmste Feind des Volkes“. Neue Zürcher Zeitung vom 30.7.2017

170 Lindner U: Gesundheitspolitik in der Nachkriegszeit. S. 221ff.; Oldenbourg; München 2004

171 Cowan T: Krebs und die neue Biologie des Wassers. Kopp; Rottenburg am Neckar 2020

172 Lindner U: Gesundheitspolitik in der Nachkriegszeit. S. 221ff.; Oldenbourg; München 2004

173 Olmsted Dan: The Age of Polio. Explosion. https://www.ageofautism.com/2018/11/the-age-of-polio-explosion.html?utm_source=feedburner&utm_medium=feed&utm_campaign=Feed%3A+ageofautism+%28AGE+OF+AUTISM%29

174 https://ria.ru/20100513/233877191.html

175 West J: DDT/Polio: Virology vs Toxicology. Harvoa 2014

176 MacBean E: The poisoned needle. Health Research; Pomeroy 1957; https://1796web.com/pdfs/The-Poisoned-Needle.pdf

177 Lindner U: Gesundheitspolitik in der Nachkriegszeit. S. 221ff.; Oldenbourg; München 2004

178 Offit PA: The Cutter incident, 50 years later. N Engl J Med 2005; 352(14): 1411-2

179 Kennedy Jr RF: Gates' Globalist Vaccine Agenda: A Win-Win für Pharma and mandatory Vaccination; https://www.globalresearch.ca/gates-globalist-vaccine-agenda-win-win-pharma-mandatory-vaccination/5709493

180 Mogensen SW et al.: The Introduction of Diphtheria-Tetanus-Pertussis and Oral Polio Vaccine Among Young Infants in an Urban African Community: A Natural Experiment. EBioMedicine 2017; 17:192-8

181 Sartre JP: Huis clos. Paris 1944

182 Die asiatische Grippepandemie. Dtsch Med Wochenschr 1957; 82:1357

183 Voltaire: Histoire de l'Empire de Russie. Lankisch et Heritiers ; Leipzig 1766

184 Delumeau J: Angst im Abendland. Die Geschichte kollektiver Ängste im Europa des 14. bis 18. Jahrhunderts. S. 187; Rowohlt; Reinbek bei Hamburg 1985

185 Herlihy D: Der schwarze Tod und die Verwandlung Europas. S. 16; Wagenbach; Berlin 2007

186 Docherty G, Macgregor J: Verborgene Geschichte. Wie eine geheime Elite die Menschheit in den Ersten Weltkrieg stürzte. Kopp. Rottenburg 2014

187 Müller M: Auf hauchdünnem Eis. Rubikon 29.10.2020; https://www.rubikon.news/artikel/auf-hauchdunnem-eis

188 Bloch I: Der Ursprung der Syphilis. Eine medizinische und kulturgeschichtliche Untersuchung. Gustav Fischer; Jena 1901

189 Witte W: Pandemie ohne Drama. Die Grippeschutzimpfung zur Zeit der Asiatischen Grippe in Deutschland. Medizinhistorisches Journal 2013; 48:34-66

190 CDU-Landtagsfraktion Rheinland-Pfalz; https://www.rheinpfalz.de/lokal/ludwigshafen_artikel,-quarant%C3%A4ne-app-und-fu%C3%9Ffessel-spd-emp%C3%B6rt-%C3%BCber-pl%C3%A4ne-der-cdu-landtagsfraktion-_arid,5062037.html

191 Merrell DS et al.: Host-induced epidemic spread of the cholera bacterium. Nature 2002; 417:6425

192 Herlihy D: Der schwarze Tod und die Verwandlung Europas. S. 52; Wagenbach; Berlin 2007

193 Höniger R: Der Schwarze Tod in Deutschland. S. 88ff.; Eugen Grosser; Berlin 1882

194 Höniger R: Der Schwarze Tod in Deutschland. S. 125ff.; Eugen Grosser; Berlin 1882

195 Höniger R: Der Schwarze Tod in Deutschland. S. 127; Eugen Grosser; Berlin 1882

196 Höniger R: Der Schwarze Tod in Deutschland. S. 127; Eugen Grosser; Berlin 1882

197 Herlihy D: Der schwarze Tod und die Verwandlung Europas. S. 54; Wagenbach; Berlin 2007

198 Geffcken P (Hrsg.): Soziale Schichtung in Augsburg 1396-1521. S. 218; Dissertation München 1983

199 Höniger R: Der Schwarze Tod in Deutschland. S. 107ff.; Eugen Grosser; Berlin 1882

200 Börne L: Briefe aus Paris. 26. Brief 1831

201 Herlihy D: Der schwarze Tod und die Verwandlung Europas. S. 95ff.; Wagenbach; Berlin 2007

202 Stadtchronik Augsburg. Band 5; Seite 69; zitiert nach: Horanin M: Die Pest in Augsburg um 1500. Die soziale Konstruktion einer Krankheit. S. 34; Dissertation; Göttingen 2019

203 Martin Luthers Briefwechsel. Bearbeitet und mit Erläuterungen versehen von Ernst Ludwig Enders. Band VII; S. 153; Verein für Reformationsgeschichte; Frankfurt am Main/Calw /Stuttgart/Leipzig 1884

204 Lothar Wieler, Leiter des Robert Koch-Instituts, Berlin

205 Zitiert nach: Armstrong D: How medieval societies reacted to the Black Death. https://www.wondriumdaily.com/how-medieval-societies-reacted-to-the-black-death/

206 Bendavid E et al.: Assessing mandatory stay-at-home and business closure effects on the spread of COVID-19. European J Clin Invest 2021; 51,4:e13484

207 Burdach KF: Rückblick auf mein Leben. Selbstbiographie. 4. Kapitel; Leopold Voß; Leipzig 1848

208 J. Roth: Das falsche Gewicht. KiWi; Köln 2005

209 Jefferson T et al.: Physical interventions to interrupt or reduce the spread of respiratory viruses. https://www.cochranelibrary.com/cdsr/doi/10.1002/14651858.CD006207.pub6/full

210 Frank JP: System einer vollständigen medizinischen Polizey. Friedrich Vieweg; Berlin 1792

211 Heinrichs EA: The Plague Cures of Caspar Kegler: Print, Alchemy, and Medical Marketing in Sixteenth-Century Germany. The Sixteenth Century Journal 2012; 43,2:417-40

212 Kegler C: Ein nutzlichs Und tröstlichs Regiment wider die Pestilentz, und gifftig pestilentzisch Feber, die schweissucht genant, Und sonst mancherley gifftig und tödlich kranckheit. Günter; Leipzig 1553

213 Zitiert nach: Roth T: Die Große Pest in London. S. 11; Stuttgart 1848

214 Bonnivard F: Les Chroniques de Genève. Zweiter Band; S. 559; D. Dunant; Genf 1831

215 Mussis, G de; zitiert nach: Bergdolt K: Der Schwarze Tod. 4. Auflage; C.H. Beck; München 2017

216 Delumeau J: Angst im Abendland. Die Geschichte kollektiver Ängste im Europa des 14. bis 18. Jahrhunderts. S. 326; Rowohlt; Reinbek bei Hamburg 1985

217 Vasold M: Die Ausbreitung des Schwarzen Todes in Deutschland nach 1348. Historische Zeitschrift 2003; 277:281-308

[218] Albich S: Regimen tempore pestilentiae. Prag 1348; zitiert nach: Bergdolt K: Der Schwarze Tod. 4. Auflage; S. 25; C.H. Beck; München 2017

[219] Chrisholm B: The Psychiatry of Enduring Peace and Social Progress. Band 9; S. 5; William Alanson White Psychiatric Foundation; New York 1946

[220] Heine H: Französische Zustände. Augsburger Allgemeine Zeitung 1832

[221] Desmet M: Die Psychologie des Totalitarismus. Europaverlag; Berlin-München-Wien-Zürich 2023

[222] Wisnewski G: Verheimlicht – vertuscht – vergessen 2023. Was 2022 nicht in der Zeitung stand. Kopp; Rottenburg 2023

[223] Mayer PF: So wurden die Menschen mit Angstmache in die Spritze getrieben. https://tkp.at/2023/03/06/so-wurden-die-menschen-mit-angstmache-in-die-spritze-getrieben/

[224] Reuther G: Psychoterror mit Amtsbonus; https://tkp.at/2023/02/21/psychoterror-mit-amtsbonus/

[225] Rudé G: The Crowd in History, 1730-1848. S. 35; New York – London 1964

[226] Bercé YM: Histoire des croquants. Band 2; S. 674-81; Paris 1986

[227] Mornet D: Les Origines intellectuelles de la Revolution francaise. S. 443-6; Paris 1934

[228] Rudé G: The Crowd in History, 1730-1848. S. 35; New York – London 1964

[229] Börne L: Briefe aus Paris. 18. Brief; Paris 14. Dezember 1830

[230] Hernant G: Discours chrestien pour le bureau des pauvres de Beauvais. S. 5; Paris 1654

[231] Delumeau J: Angst im Abendland. Die Geschichte kollektiver Ängste im Europa des 14. bis 18. Jahrhunderts. S. 159; Rowohlt; Reinbek bei Hamburg 1985

[232] Malthus T: Essay on the Principle of Population. Volume II; 6th ed.; John Murray; London 1826

[233] Höniger R: Der Schwarze Tod in Deutschland. S. 94; Eugen Grosser; Berlin 1882

[234] Andre L: Doctors of Deception. What they don't want you to know about shock treatment. Rutgers University Press; Ithaca(New York) 2009

[235] Goldberg J: Let the population grow. Chicago Tribune 20. Oktober 2006

[236] Wells HG: Kipps. S. 240; Fontana Books; London 1961

[237] Wells HG: Anticipations of the Reaction of Mechanical and Scientific Progress upon Human Life and Thought. S. 81-2 und 211-12; Chapman and Hall; London 1901

[238] Beard A (Hrsg.): Documents Relating to the Great Plague of 1665-1666 in Bristol. Bristol Resord Society 2021; https://archive.org/details/beardplague/page/n1/mode/2up

[239] World Health Organization (WHO), Geneva; https://www.who.int/news/item/05-05-2022-14.9-million-excess-deaths-were-associated-with-the-covid-19-pandemic-in-2020-and-2021

[240] Mayer PF: Offizielle Zahlen aus England und Wales: Nur 12% aller „Corona-Toten" starben ausschließlich an Covid-19. https://tkp.at/2022/01/28/offizielle-zahlen-aus-england-und-wales-nur-12-prozent-aller-corona-toten-starben-ausschliesslich-an-covid-19/

[241] Müller A, Tolzin HUP: Ebola unzensiert. Fakten und Hintergründe, von denen Sie nichts wissen sollen. S. 21ff.; Kopp; Rottenburg 2015

[242] Burdach KF: Rückblick auf mein Leben. Selbstbiographie. 4. Kapitel; Leopold Voß; Leipzig 1848

Reuther, Gerd; Reuther Renate

Hauptsache Panik

Ein neuer Blick auf Pandemien in Europa

ISBN 978-3-96940-485-0, Taschenbuch, 152 Seiten

Wie verheerend waren die Seuchen in Europa wirklich? War die Angst vor Ansteckung so berechtigt? Handelte es sich überhaupt um Pest, Syphilis und Cholera, wie wir sie heute kennen? Warum waren die Herrschenden so wenig betroffen und eigentümlich teilnahmslos? Dieses Buch stellt die richtigen Fragen. Die sorgfältig recherchierten Antworten erschüttern die Seuchenpanik des Abendlandes. Lieb gewonnene Seuchenerzählungen lösen sich auf. Meist besteht eine Diskrepanz zwischen Fakten und offiziellen Verlautbarungen. So manche Epidemie wurde aufgebauscht oder gar erfunden. Quarantäne war oft ein brutales Herrschaftsinstrument. Medizinische Maßnahmen beendeten keine einzige Epidemie.

Reuther, Gerd

Letzte Tage

Verkannte und vertuschte Todesursachen berühmter Personen

ISBN 978-3-96940-436-2, Taschenbuch, 197 Seiten

Erleben Sie hautnah die letzten Tage von Menschen, die Fußabdrücke in der Geschichte hinterlassen haben. Von René Descartes bis Robert Schumann. Von Ludwig van Beethoven bis Königin Luise. Woran sind sie wirklich gestorben? Syphilis, Typhus und Cholera waren es nicht. Eine akribische Spurensuche entlarvt andere Täter. Ergreifend nacherzählt und mit dem Sachverstand eines detektivischen Diagnostikers messerscharf analysiert. Ohne Scheuklappen und Tabus. Vieles war anders, als es die Biographen erzählen. Ein anregendes und schonungsloses Leseabenteuer.

Reuther, Renate

Feste feiern – dann aber richtig

Verkannte und vertuschte Todesursachen berühmter Personen

ISBN 978-3-96940-655-7, Taschenbuch, 138 Seiten

Ostern, 1. Mai, 15. August, 11.11., Weihnachten ... Was wird da wirklich gefeiert? Die christliche Überformung kam erst später. Der Festkalender folgt der Sonne und den Jahreszeiten. Nichts ist Zufall, nichts ist reine Dekoration. Wer Sinn und Ursprung von Weihnachtsbaum und Osterei, von Erntekrone und Narrenkostüm kennt, wird die Feste endlich richtig feiern. Feiertage werden wieder emotionale Ankerplätze und Kraftquellen, die den Alltag überstrahlen. So entsteht ein Geflecht positiver Gefühle, ebenso stärkend wie ermutigend. – Die promovierte Historikerin Renate Reuther steht für Forschung ohne Vorbehalte mit einem unbeirrten Blick auf die Fakten. Sie ist Autorin zahlreicher Fachartikel und Sachbücher zur Sozial- und Kulturgeschichte.

Reuther, Gerd

Hauptsache krank?

Ein neuer Blick auf die Medizin in Europa

ISBN 978-3-96940-699-1, Taschenbuch, 163 Seiten

Könnte es Kalkül sein, dass bis heute die wenigsten Behandlungen heilen? Schließlich ist im westlichen medizinischen System Krankheit ein besseres Geschäft als Gesundheit. Behandlungen bekämpfen seit jeher die Selbstheilung. Die Vorgänge bei Covid-19 waren kein Betriebsunfall, sondern folgen einer langen Tradition. Keinesfalls zu schaden, gehört nicht zur DNA akademischer Ärzte. Unter dem Deckmantel internationaler Gesundheitsvorschriften droht jetzt angesichts vermeintlicher pandemischer Gesundheitsgefahren eine Enteignung unserer Gesundheit. Univ.-Doz. (Wien) Dr. med. Gerd Reuther ist Facharzt für Radiologie, Medizinaufklärer und Medizinhistoriker. 2005 erhielt er für seine Leistungen den Eugenie-und-Felix-Wachsmann-Preis der Deutschen Röntgengesellschaft. Er veröffentlichte rund 100 Beiträge in nationalen und internationalen Fachzeitschriften und -büchern sowie fünf eigene Bücher, die sich kritisch mit der Medizin in Geschichte und Gegenwart auseinandersetzen. 2023 erschütterte er mit „Hauptsache Panik – Ein neuer Blick auf Pandemien in Europa" die Seuchennarrative.

Reuther, Renate

Enthüllungen über Holle, Percht und Christkind

Eine kleine Kulturgeschichte des Weihnachtsfestes

ISBN 978-3-96940-680-9, Taschenbuch, 260 Seiten

Warum hat der Nikolaus eine Rute und das Christkind ein Glöckchen?
Warum kommt der Weihnachtsmann durch den Kamin?
Warum schmücken wir einen Baum und essen Lebkuchen?
Bevor das Weihnachtsfest im 18. und 19. Jahrhundert zur besinnlichen Familienfeier wurde, erlebte man bei uns eine ganz andere Ur-Weihnacht. Das waren wüste Gelage mit lärmenden Umzügen vermummter Geistergestalten unter der Obhut einer Frau Holle oder Frau Percht. Durch die dunkle Nacht hörte man Schellenklang und Kettengeklirr, sah Lichter funkeln und fürchtete sich davor, Göttern und Geistern zu begegnen. Halloween, Martinsgans, Silvesterböller und die Weiberfastnacht sind Elemente dieser entschwundenen Welt wilder Winterfeiern. Ebenso der glücksbringende Schlotfeger mit dem rosigen Schweinchen oder die Verpflichtung Geschenke auszutauschen.
Die Historikerin Dr. Renate Reuther machte sich auf eine detektivische Spurensuche und enthüllt die Geheimnisse unseres Weihnachtsfestes. Die minutiöse und tabulose Fahndung nach den Ursprüngen unseres Weihnachtsbrauchtums führt zu erstaunlichen Erklärungen und überraschenden Zusammenhängen.